So zarte Lippen, so weiche Haut

Andrea Burri & Prisca Hintermann

So zarte Lippen, so weiche Haut

Frauen erzählen von ihrem ersten erotischen Erlebnis mit einer Frau

LUST & LIEBE

Vorwort

Vorwort

Man kann wohl ohne Übertreibung behaupten, dass die Sexualität zu den spannendsten und präsentesten Dingen im Leben eines Menschen gehört. Doch was ist die menschliche Sexualität überhaupt? Gibt es einen Konsens darüber, wie der Mensch seinen sexuellen Bedürfnissen und Wünschen Ausdruck verleihen kann, darf oder muss?

Wir finden, es ist an der Zeit, den Schleier der Modeerscheinungen und der Klischees zu lüften, um wieder einen ungetrübten Blick auf die Sexualität werfen zu können. Und genau das ist Ziel und Zweck unseres Buchs. Denn Sexualität ist mehr als nur Reproduktion. Sexualität ist mehr als eine uniforme Modeerscheinung. Die menschliche Sexualität ist vielfältig, lebendig und dynamisch. Doch bei vielen Menschen sind das Denken und die Akzeptanz – besonders im Bereich der Sexualität – alles andere als vielfältig und dynamisch. Leider herrschen noch viele gesellschaftliche Tabus und Vorurteile vor, die es dem Einzelnen schwer machen, seine vielleicht nicht immer der Norm entsprechenden Bedürfnisse ausleben zu können. Dabei soll Sexualität in erster Linie Spaß machen und erfüllen. Ohne Tabus und Hemmungen.

Daher war es uns ein besonderes Anliegen, mit *So zarte Lippen, so weiche Haut* nicht nur zu unterhalten, sondern auch ein Thema aufzugreifen, das in der heutigen Zeit – obwohl weitverbreitet und stark präsent – leider noch immer tabuisiert ist: die gleichgeschlechtliche Liebe. Obwohl einiges an Aufklärungsarbeit geleistet wird und die soziale Integration Homosexueller bereits ein stolzes Stück weit fortgeschritten ist, wird hinter vorgehaltener Hand nach wie vor getuschelt und diskriminiert. Dabei ist Homosexualität lediglich eine von vielen Ausdrucksformen der sexuellen Orientierung und somit nur ein kleiner Aspekt unserer sexuellen Identität. Ein kleiner, aber wichtiger Aspekt. Ein Aspekt, der in sich so vielfältig und bunt ist und auch sein soll: eine emotionale, seelische und sexuelle Zuneigung zu Menschen welchen Geschlechts auch immer.

Es erfordert viel Mut, den steinigen Weg des Unkonventionellen zu gehen. Den eigenen inneren Sehnsüchten Folge zu leisten, ohne sich vom gesellschaftlichen Druck leiten oder gar limitieren zu lassen. Aber gerade in einem so wichtigen Aspekt unseres Lebens wie der Sexualität, in dem es um tiefgehende Emotionen und um physische Begierden und Erfüllung geht, sollten wir nicht immer verzichten, sondern auch mal mutig sein. Einige Frauen sind mutig und haben sich dieser Herausforderung gestellt. Und es keine Sekunde bereut.

Wir haben in unserem Freundes- und Bekanntenkreis gesucht und zwölf Frauen gefunden, die ihre sexuellen Fesseln abgelegt und sich einem neuen Abenteuer hingegeben haben. Ein Sammelsurium von Frauen mit ganz unterschiedlichen Charakteren, unterschiedlichen Geschichten und unterschiedlichen Erfahrungen. In tiefgehenden Interviews haben uns diese Frauen Einblicke in die intime Welt ihrer erotischen Sehnsüchte und Erfahrungen gewährt. Vom Mut des ersten Schrittes in Richtung Homoerotik, dem Hochgefühl, aber auch den Zweifeln, die sie vor, während und nach ihren Erlebnissen begleitet haben. Diese Erfahrungen haben wir in *So zarte Lippen, so weiche Haut* festgehalten. Zwölf Porträts von Frauen unterschiedlicher Generationen, die manchmal lustig, spannend, erotisch, aber auch traurig und desillusionierend sind. Dabei war es uns wichtig, die Frauen so authentisch wie möglich zu zeigen und weder enttäuschende Erlebnisse zu beschönigen, noch das Hadern und die Skepsis der Beteiligten zu verdecken.

Mit *So zarte Lippen, so weiche Haut* wollen wir die Leser an nicht ganz alltäglichen Erfahrungen und den damit verbundenen Emotionen teilhaben lassen. Für einige mag es der erste Berührungspunkt mit dem Thema Homosexualität darstellen. Einigen wird es unter Umständen sogar eine Identifikationsplattform bieten. Anderen wiederum nimmt es hoffentlich die Berührungsängste und die Vorurteile. Doch das Wichtigste am Ganzen ist die Tatsache: Sex ist einfach nur Sex – und soll Spaß machen! Menschen, egal welcher sexuellen Orientierung und Identität, sind Menschen, nur eben vielleicht mutiger ...

Für uns war es eine aufregende Reise in eine neue, spannende und inspirierende Welt der Sexualität. Es hat uns großen Spaß gemacht, den interessanten Erzählungen dieser Frauen zu lauschen und mit ihnen das Erlebte noch einmal Revue passieren zu lassen. Zusammen sind wir während mehrerer Wochen in diese farbenprächtige Erlebniswelt eingetaucht und haben uns von den Darstellungen unterhalten, aber auch zum Nachdenken anregen lassen. Stunden voller Gelächter und Spaß, aber auch Momente des Schmerzes und der Tränen. Wir haben nicht nur unkonventionelle, interessante Freunde dazugewonnen, sondern auch mit Freude erfahren, dass, egal in welchem Alter man ist, die Spannung am Sex, der Reiz am Neuen nicht verlorengehen muss; es ist doch wunderschön zu wissen, dass auch im Alter der Sex eine Herausforderung bleiben wird und die sexuelle Ausrichtung dabei in keiner Hinsicht eine Rolle spielt.

Das Resultat unserer Erfahrungsreise *So zarte Lippen, so weiche Haut*: Porträts, die nicht nur amüsieren und unterhalten, sondern auch mit gewissen Tabus brechen, Vorurteile zerschmettern und zum Nachahmen inspirieren. Wir hoffen, dass die Erzählungen euch ebenso bewegen werden wie uns und dass sich einige Horizonte öffnen.

Andrea Burri und Prisca Hintermann,
im Frühjahr 2010

Unerwartetes Liebesglück

Celia, 33

Ich war 18 Jahre alt, als ich mein erstes Mal mit einer Frau erlebt habe. Davor hatte ich zwar schon einige Erfahrungen mit Frauen sammeln können, doch mehr als Knutschen und ein wenig Fummeln war nie drin gewesen. Nicht, dass ich es nicht gewollt hätte. Eigentlich war es schon lange mein innigster und sehnsüchtigster Wunsch, mich von einer Frau verführen zu lassen. Mich ihr hinzugeben. Mit ihr in eine andere Welt abzutauchen. Ich stellte es mir unglaublich erotisch vor. Es durfte aber nicht irgendeine Frau sein. Sie musste mir schon gefallen. Ich stand auf diesen femininen Latino-Typ, was per se schon schwierig zu finden war. All die Frauen, von denen ich wusste, dass sie lesbisch waren, sahen überhaupt nicht diesem Typ entsprechend aus. Eher männlich und burschikos. Mit kurzen Haaren und virilem Verhalten. Genau, wie man sie sich eben – vorurteilsgeprägt – vorstellt.

Die Frauen, mit denen ich bis dahin rumgemacht hatte, waren alle irgendwie nicht so mein Typ, und sowieso geschah es meistens aus einer Partylaune heraus, weil es eben cool war, im Rausch mit der besten Freundin zu knutschen. Es gehörte einfach zu einer coolen Partynacht dazu und es machte die Männer an. Meinen Freundinnen gefiel es, dass die Typen sich total daran aufgeilten, wenn wir uns in unseren knappen sexy Outfits eng umschlungen mit Zunge küssten. Wir alle kokettierten damit. Wirklich lesbisch waren meine Freundinnen aber nicht, und auf mehr hätten sie sich wohl auch nie eingelassen, so viel war klar.

Bei mir verhielt es sich ein wenig anders. Ich genoss es zwar auch, durch solche Spielchen die Aufmerksamkeit der Männer auf mich zu ziehen, und doch löste es in mir noch etwas anderes aus. Eine Neugierde auf mehr. Es törnte mich an, und ich wollte es nicht nur beim Knutschen belassen. Ich hätte mich damals nie und nimmer als Lesbe bezeichnet, zum einen weil ich immer männliche Partner hatte und die auch nicht missen wollte, aber auch, weil für mich etwas Abstoßendes mit diesem Begriff einherging. Abstoßend ist nicht ganz das richtige Wort, aber eine Lesbe zu sein war generell nicht akzeptabel. Es war abartig. Es war nicht normal. Ein wenig so zu tun als ob und dieses Schauspiel zum Verführen der Männer zu nutzen war cool. Aber wahre Lesben waren verpönt. Jedenfalls in meiner Clique.

Wenn ich zurückdenke, könnte ich mich ohrfeigen für so viel Feigheit. Ich bin, was und wer immer ich bin, und gute Freunde haben das zu akzeptieren. Leider war ich zu dieser Zeit noch sehr jung, und die Meinung meiner Clique war mir wichtig. Ich wollte dazugehören und auf keinen Fall anders sein. Denn Anderssein war nur bis zu einem gewissen Grad cool. Sozial akzeptiertes Anderssein war okay, bei allem anderen lief man Gefahr, sich dem Hohn und Spott der Gruppe auszusetzen. Das wollte ich nicht riskieren, und deswegen verdrängte ich meine Neugierde und auch die anderen Gedanken an das Thema. Wegschließen und vergessen. Manchmal davon träumen. Mehr aber nicht.

Schließlich war ich auch einigermaßen glücklich mit meinen Männern. Es waren nette Typen, wir hatten viel Spaß zusammen, und der Sex war auch ganz okay. Aber eben nur ganz okay. Es fehlte einfach immer was. Irgendwie konnte ich die Begeisterungsstürme meiner Freundinnen wegen ihren sexuellen Erlebnissen nie teilen.

Meine Orgasmen waren nie supergeil und toll und bombastisch. Genauer gesagt hatte ich nämlich noch nie einen Orgasmus gehabt, trotz einer beachtlichen Zahl von Partnern, von denen einige wirklich gute Lover waren – sofern ich das beurteilen konnte. Und einige eben weniger. Ich hatte auch ganz einfühlsame Partner, die alles versuchten, um dem Problem auf den Grund zu gehen und mich auf irgendeine Art zum Höhepunkt zu bringen.

Irgendwann war es mir aber zu blöde, und weil ich nicht als frigides Wesen abgestempelt werden wollte, begann ich die Orgasmen vorzutäuschen. Die Männer merkten das ja sowieso nicht. Ein bisschen schneller atmen, wenn es einem langsam zu bunt wurde, dann kurz davor lauter werden und ein bisschen schreien. Dabei nicht vergessen, sich heftiger und schneller zu bewegen, gerade so, als könnte man es kaum mehr erwarten, und die Nägel so richtig fest in den Rücken krallen. Das Rezept funktionierte in 99 Prozent der Fälle einwandfrei.

Ich gab mich mit dem Gedanken zufrieden, dass ich eben eine dieser Frauen war, die weniger Freude am Sex hatten. Ich konnte einfach nicht nachvollziehen, was meine Freundinnen daran fanden. Oder sie übertrieben maßlos, genau wie ich, um nicht doof dazustehen, das konnte natürlich auch sein. Ich wusste es nicht, und darüber reden konnte ich schon gar nicht, denn obwohl ich mit allen in meiner Clique super zurechtkam, gab es gewisse Tabuthemen. Und Sexualität – respektive Probleme damit – war definitiv eines davon.

Ich fühlte mich in dieser Lebensphase sehr einsam. Wie gerne hätte ich mit jemandem darüber gesprochen. Doch ich traute mich nicht, und so lebte ich weiter in meiner perfekten heterosexuellen Welt, in der ich mich manchmal als sexuelle Sklavin nicht nur der Männer, nein, auch des gesellschaftlichen Systems fühlte.

Nur ein einziges Mal wäre fast mehr geschehen: Ich ging mit einem Mädchen aus meiner Clique aufs Klo, um über irgendwas abzulästern, und plötzlich begann sie, mich zu küssen. Ich war überrascht, weil es ja nicht in der Öffentlichkeit geschah. Anscheinend ging es ihr nicht darum, Aufmerksamkeit zu erregen, sondern es ging ihr rein um mich, das spürte ich sofort. Ich ließ mich darauf ein und begann, wie wild ihren Körper zu erforschen. Gierig und glücklich. Doch genau in dem Moment kamen zwei andere Mädchen aus unserer Clique rein. Sie lachten uns aus und beschimpften uns als »wahre« Lesben, was natürlich gar nicht ging. Es war cool, für die Typen die sexy Lesbe zu mimen, aber wirklich eine zu sein war inakzeptabel. Sofort ließen wir voneinander ab.

Chiara – so hieß sie – beachtete mich von diesem Moment an nicht mehr. Ich suchte noch einige Male das Gespräch und auch ein wenig die Nähe zu ihr, hoffte ich doch, dass wir vielleicht dort weitermachen könnten, wo wir aufgehört hatten, oder ich wenigstens erfahren würde, ob sie genau wie ich den Wunsch nach mehr hegte. Doch sie ignorierte mich komplett. Ich wusste nicht genau, wie ich ihr Verhalten zu deuten hatte, ich war mir eigentlich sicher gewesen, dass sie mich mochte, anders konnte ich mir den unerwarteten Überfall auf dem Klo nicht erklären.

Irgendwann hörte ich auf, mir diese Fragen zu stellen, und gab mich mit dem Gedanken zufrieden, dass ich wohl nie mehr in meinem Leben in den Genuss eines Abenteuers mit einer Frau kommen würde. Ich sah zwar einigermaßen gut aus, aber ich hatte keinerlei Kontakte zu lesbischen Frauen und wusste auch nicht so recht, wie ich welche kennenlernen sollte. Vor allem so, dass meine Clique nichts mitbekam.

Ich begrub meine Lust und meine innere Zerrissenheit und beschloss, diesen Teil meines Ichs aus meinem Leben zu streichen. Ich wurde zunehmend unzufriedener und auch unglücklicher, so sehr, dass es sogar meinen engeren Freunden auffiel. Meine Partner spürten ebenfalls, dass ich nur mit halbem Herzen bei der Sache war, doch es schien sie nicht groß zu kümmern. Ich hatte auch immer gute Ausreden parat. Mal war es ein Krankheitsfall in der Familie, mal stritten meine Eltern unentwegt und so weiter. Im Ausredenerfinden war ich Meisterin.

Irgendwann hielt ich es nicht mehr aus und beschloss, die Sache doch in die Hand zu nehmen. Auf eine Lesbenparty würde ich nicht gehen, in erster Linie weil ich Angst hatte, dass mich jemand sehen könnte und meine Clique davon erfahren würde. Das war mir ein zu großes Risiko. Was konnte ich also sonst noch tun? Über die Arbeit? Ich arbeitete zu dieser Zeit als Sachbearbeiterin in einer Telekommunikationsfirma, die nicht gerade klein war, sprich um die 1500 Mitarbeiter hatte. Trotzdem wusste ich von keiner Frau, die offiziell geoutet war, und auf gut Glück eine anzusprechen war mir auch zu blöde. Außerdem war ich schüchtern. Ich wusste wirklich nicht, wie ich es anstellen sollte. Also begann ich, im Internet zu surfen und Webseiten und Foren speziell für Lesben zu besuchen. Da gab es auch Chats, doch irgendwas hinderte mich daran, mich in einen dieser Chaträume einzuloggen. Mehrmals rief ich die Seiten auf, doch den entscheidenden Schritt wagte ich nie.

So gerne hätte ich mit jemandem darüber gesprochen. Zusammen das Für und Wider abgewogen. Mit jemandem, der mich unterstützt hätte. Mich ermutigt und mir Mut zugesprochen hätte. Ich schaffte es alleine nicht. Da war dieses

Wissen, dass es richtig wäre, dass es wirklich das war, was ich mehr als alles andere wollte, aber gleichzeitig gab es auch dieses andere Gefühl. Eine Art schlechtes Gewissen. Meine Eltern waren zwar nicht ausdrücklich homophob, doch in all den Jahren mit meiner Clique hatten sich ihre Geringschätzung und Intoleranz tief in mein Gedächtnis gebrannt. Ich stellte mir oft die Frage, was denn so schlimm daran sein sollte, lesbisch zu sein. Eine Antwort darauf fand ich nicht. Meine Freunde fanden es einfach abartig und eklig. Die Männer natürlich ausgenommen, die fanden es geil, scharf, heiß, sexy.

Dann, eines Samstagabends, wurden meine Wünsche ganz unerwartet doch noch erhört. Mein Cousin hatte sich zum Besuch angemeldet. Er wohnte in einem Dorf, das zwei Stunden von der Stadt, in der ich lebte, entfernt lag. Ich pflegte eine super Beziehung zu ihm, wir waren sozusagen Seelenverwandte. Er erzählte mir, dass seine Cousine mütterlicherseits aus Frankreich zu Besuch sei. Melanie, so hieß sie, langweile sich und müsse dringend ein wenig Großstadtluft schnuppern. Ihre einnehmende Mutter würde sie kaum einmal aus den Augen lassen, und deswegen habe er beschlossen, sie wenigstens für einen Abend aus deren Fängen zu befreien. Er fragte mich, ob ich denn zu Hause sei und eventuell Lust hätte, mit ihnen um die Häuser zu ziehen, und ob er und Melanie dann, falls es spät werden sollte, bei mir übernachten könnten. Natürlich sagte ich sofort zu.

Meine Clique traf sich zwar auf ein Pokerspiel und zum darauffolgenden Clubbing, aber mein Cousin war mir heilig, und ich konnte es kaum erwarten, ihn endlich wiederzusehen. Zugegeben: Ich war auch ein wenig neugierig auf seine Cousine, von der er mir schon viel erzählt hatte. Sie schien echt cool zu sein und so, wie er sie mir schilderte, eine weibliche Ausgabe seiner selbst. Das klang vielversprechend, weil ich meinen Cousin wahnsinnig süß und gut aussehend fand und früher sogar etwas für ihn geschwärmt hatte.

Ein wenig aufgeregt fing ich an, mich zu stylen. Ich entschied mich für ein eher legeres Outfit, verzichtete auf mein bauchfreies Top und die High Heels, in denen ich mich sowieso nicht so gut bewegen konnte. Stattdessen entschied ich mich für eine Jeans, in der mein Po gut zur Geltung kam, und ein ärmelloses Tank-Shirt in Tarnfarben. Ich guckte in den Spiegel und fand, dass mir dieser Kleidungsstil eigentlich auch ganz gut stand. Ich hatte einen durchtrainierten, schmalen Körper, nicht spindeldürr, aber sicherlich schlank, mit leicht definierten Muskeln – vom vielen Volleyball-Training. Die Kleidung war zugegeben ein wenig männlich, aber ich fühlte mich sehr wohl darin. Auch auf exzessive Schminke verzichtete ich. Wieso ich mich genau an diesem Abend für ein neues Styling entschieden habe, weiß ich bis heute nicht. Keine Ahnung, was mich dazu verleitet hat, den eher billig wirkenden kurzen und knappen Klamotten den Rücken zu kehren und stattdessen ein eher legeres Outfit zu wählen. Aber es fühlte sich befreiend an. Als wäre ich eine andere Person.

Als es klingelte, war ich gerade mit der Vorbereitung des Aperitifs fertig – ich war berühmt für meine Mojitos. Dazu ein paar Oliven, Nüsse und Chips auf dem Tisch, am Boden ein paar Kerzen und Kissen, und schon sah mein Wohnzimmer heimelig und einladend aus. Ricardo, mein Cousin, kam rein und wirbelte mich zur Begrüßung durch die Luft. Ich war überglücklich, ihn zu sehen, und wollte ihn am liebsten nie mehr loslassen – bis ich die Person hinter ihm erblickte. Denn da stand die schönste Frau, die ich je gesehen hatte. Sie war nicht nur wunderschön, nein, sie war atemberaubend! Genauso hatte ich mir meine Traumfrau vorgestellt. Ich schätzte sie auf 25 Jahre. Das pechschwarze, leicht gewellte Haar fiel auf ihre athletischen Schultern. Sie war schlank, mit Rundungen genau da, wo eine Frau sie haben sollte. Ein zum Küssen einladender Schmollmund und die wohl schönsten tiefblauen Augen der Welt machten ihr Gesicht perfekt. Hinzu kam ihr natürlich-lasziver Blick, der Dominanz suggerierte und doch Sinnlichkeit vermuten ließ. Ich war sofort hin und weg. Melanie stellte sich mir mit zwei Küsschen vor. Mein Gott, sie roch auch noch so unglaublich gut nach Kokosnuss und Vanille. Es war sofort um mich geschehen.

Ich muss errötet sein, denn plötzlich sah mich Ricardo lachend an und meinte, ich sei wohl heute ein wenig durch den Wind. Ich wollte wissen, wie er das meinte, doch er lachte nur und ließ mich mit meiner Frage stehen. Ich wurde ein wenig unsicher. War es so offensichtlich, dass mir Melanie gefiel? Ricardo wusste bisher nichts von meiner Schwäche für Frauen – aber er ahnte es, wie sich später herausstellen sollte.

Wir setzten uns auf die großen Kissen, die ich rund um den kleinen Wohnzimmertisch ausgebreitet hatte. Ich saß neben Melanie. Immer wenn mein Bein das ihre berührte, durchzuckte mich ein Gefühl von tausend summenden Bienen. Ich hatte Mühe, mich am Gespräch zu beteiligen. Melanie schien davon nichts zu bemerken. Manchmal lehnte ich mein Bein für etwas längere Zeit an ihres und schaute, ob sie es von sich aus zurückziehen würde. Sie tat es nicht. Ich wertete das als Pluspunkt für mich. Vielleicht hatte sie es aber auch gar nicht bemerkt. Melanie lobte meinen Mojito, was wieder eine peinliche Röte in mein Gesicht steigen ließ, worauf mein Cousin erneut so bescheuert lachte. Ich mochte ihn ja sonst sehr, aber an diesem Abend wünschte ich ihn zum Teufel. Was sollte dieses doofe Grinsen? Hatte er etwa den Braten gerochen? Vielleicht hatte er sogar Melanie erzählt, ich sei lesbisch?

Plötzlich stand Melanie auf und erkundigte sich nach dem Badezimmer. Ich erhob mich und führte sie in den hinteren Teil meiner Wohnung, wo die Toilette lag. Sie bedankte sich etwas zu überschwänglich und lächelte das süßeste aller Lächeln. Ich schmolz dahin. Sichtlich erregt ging ich zurück zu Ricardo, der mich sofort auszuquetschen begann. Was denn heute genau mit mir los sei? Ich wirke etwas durcheinander. Ach, es sei nichts, erwiderte ich, ich hätte bloß eine anstrengende Woche hinter mir und sei ein wenig gestresst. Ich dachte schon, er hätte meine Ausrede gefressen, als er sich meinem Ohr näherte und mir zuflüsterte: »Du, ich weiß, die Melanie gefällt dir. Ich bin doch sozusagen dein großer Bruder und auch nicht ganz auf den Kopf gefallen. Du kannst ruhig ehrlich zu mir sein. Sie steht übrigens auf Frauen. Also nutze die Gelegenheit.«

Ich wusste nicht, ob ich vor Glück schreien oder weinen sollte. Wieso war es für ihn so offensichtlich, dass ich mich für Frauen interessierte? Ob es meinen anderen Bekannten und Freunden auch so ging? War ich ein offenes Buch, und jeder wusste es? Gerade als ich ihn fragen wollte, wie er darauf käme, betrat Melanie wieder das Wohnzimmer. Meine Augen blieben sofort an ihrer eleganten Erscheinung kleben, und auf einen Schlag waren alle meine Fragen und Zweifel vergessen. Sie war wirklich wunderschön. Betörend. Ihre Aura erfüllte den ganzen Raum, und ich konnte nicht anders, als meinen Blick auf ihr ruhen zu lassen. Ricardo hatte recht. Ich sollte die Gunst der Stunde nutzen, zumal ich jetzt mit Sicherheit wusste, dass mein Gebet endlich erhört wurde.

»Ich habe Lust, tanzen zu gehen. Gibt es hier irgendwelche coolen Clubs? Am besten Electro oder so.« Melanie war anscheinend in Partylaune, was ich glücklich zur Kenntnis nahm. Es war mir nämlich um einiges lieber, in der unverbindlichen Atmosphäre eines lauten Clubs mit ihr zu quatschen und zu flirten als hier im Wohnzimmer, vor den Adleraugen meines vorlauten Cousins. Irgendwie war mir das nämlich unangenehm. Vielleicht würde es im Club besser gehen.

Kurz darauf brachen wir auf und fuhren gemeinsam Richtung J-Faz. Der Club lag am Rande der Stadt und war deswegen keines meiner Stammlokale, was in diesem Fall geradezu perfekt war. Ich hatte nämlich wenig Lust, am »Abend meines Lebens« auf ein Mitglied meiner Clique zu treffen. Aber die Gefahr, dass mich dort jemand kennen würde, war geradezu minimal.

Die schweren Basstöne erfüllten bereits den Raum und nahmen mir umgehend jegliche Befangenheit. Ich fragte Melanie, was sie trinken wolle, und ging zielstrebig zur Bar. Ricardo hatte ich im Eifer des Gefechts ganz vergessen zu fragen. Er folgte mir, immer noch dümmlich grinsend, und meinte, er würde sich jetzt verziehen. Er habe bereits eine heiße Braut auf der anderen Seite des Raums erspäht und würde mal gucken gehen. Mir wünschte er viel Glück, und ich solle immer schön daran denken, dass man nur einmal lebe. Ich umarmte ihn, sichtlich erleichtert. Wieso war ich bloß so dumm gewesen und hatte mich ihm nicht schon früher anvertraut? Wieso hatte ich ihn nicht als vertrauenswürdig angesehen? Ich bereute es. Wie gerne hätte ich solche aufmunternden Worte schon viel eher gehört. Aber es war ja noch nicht zu spät, und so lief ich, nachdem ich nochmals tief durchgeatmet hatte, auf Melanie zu, die sich bereits von den dumpfen Rhythmen zu verführerischen Bewegungen hatte mitreißen lassen.

Mein Herz rutschte mir fast in die Hose, als ich betont lässig auf sie zuging und ihr den Drink reichte. Ich wusste nicht, wie ich ihren Blick interpretieren sollte. Er war intensiv und fordernd, und ich glaubte zu bemerken, wie ihre Körpersprache offensiver wurde. Oder redete ich mir das nur ein, weil ich sie toll fand und auf ein Zeichen von ihr hoffte? Schließlich wusste ich nur aus zweiter Hand von ihrer Vorliebe für Frauen und hatte keine Ahnung, ob es stimmte. Und falls sie wirklich auf Frauen stand, hieß das noch lange nicht, dass ich ihr gefiel. Ich wollte mich schließlich nicht aufdrängen.

Trotzdem wurde mir klar, dass ich den ersten Schritt machen musste, und ich beschloss, in die Offensive zu gehen. Von der Wirkung des Alkohols entspannt, fiel es mir nicht schwer, witzig und frech zu sein. Ich war wirklich gut drauf, und meine Nervosität und die Unsicherheit waren wie weggeblasen. Melanie reagierte genauso auf meine Sprüche, wie ich es mir gewünscht hatte. Sie konnte sich kaum mehr halten vor Lachen, quietschte, bis die Tränen rollten. Wir quatschten – also ich quatschte – und lachten, und irgendwann hielt sich Melanie an meinem Arm fest, als müsste sie sich abstützen, und ehe ich mich versah, umarmte sie mich ausgelassen. Dann flüsterte sie mir irgendwas zu, das leider von der Geräuschkulisse des Clubs verschluckt wurde. Aber ihr Blick sprach Bände.

Melanie hielt mich noch immer fest, so fest, dass ich mich kaum rühren konnte. Vielleicht war es aber auch, weil ich mich nicht mehr rühren wollte. Mein Brustkorb drohte zu zerspringen, und alles, was ich denken konnte, war: Gleich passiert's, gleich passiert's. Noch immer fixierte mich Melanie mit ihrem fordernden Blick, ohne sich zu rühren. Die Situation war fast unerträglich. Ihre fest an mich gedrückte Brust hob und senkte sich im Rhythmus ihres Atmens. Ich spürte die Wärme ihres Körpers an meinem und ihren kühlen, nach Pfefferminz riechenden Atem in meinem Gesicht. Ihre Hände hielt sie hinter meinem Rücken verschränkt, doch jetzt fing sie an, mit ihrer rechten Hand sanft meinen Rücken zu streicheln. Rauf und runter. Ich bekam Gänsehaut am ganzen Körper. Ich schloss die Augen, blendete alles andere aus. Es gab nur noch sie und mich.

Die Augen immer noch geschlossen, spürte ich, wie Melanie immer näher kam. Ihr Atem wurde wärmer und schneller, und als ihre Lippen die meinen trafen, explodierte es in mir. Es fühlte sich an, als wäre eine sandgefüllte Vase in tausend Teile zersprungen. Die feinen Körner bombardierten jeden Zentimeter meines Körpers und lösten ein schier unerträgliches Kribbeln aus. Ich erwiderte ihren Kuss und gierte nach mehr. Immer leidenschaftlicher küssten wir uns. Minutenlang. Ich schwebte. Melanie fühlte sich besser an, als ich es mir je erträumt hatte. Besser als alles, was ich je gefühlt hatte. Diese Küsse waren von einer gänzlich anderen Qualität als meine bisherigen Knutschereien mit meinen Freundinnen. Sie waren leidenschaftlich und wild, nicht bloß Teil eines zielgerichteten, kalkulierten Schauspiels. Sie waren emotionsgeladen. Gefühlvoll und doch fordernd. Lustvoll. Ich wollte mehr! Viel mehr!

Irgendwann löste sich Melanie ziemlich vehement aus unserer Umarmung. Ich wusste ihre Reaktion nicht zu deuten, und in diesen zwei Sekunden schossen Tausende Gedanken durch meinen Kopf. Küsste ich etwa nicht gut? Vielleicht gefiel es ihr ja nicht? Ach, das war Quatsch, sonst hätte sie doch schon viel früher aufgehört. Vielleicht hatte sie jetzt genug? Wieso sonst würde sie sich so schnell von mir abwenden? Hatte sie jemand anderen gesehen, den sie interessanter fand? Während dieser paar Sekunden badete ich in Selbstzweifeln, und als ich mich umblickte, bemerkte ich eine ganze Schar fremder Augen, die uns beide auf verschiedenste Art und Weise beobachteten. Von angeekelt über neugierig hin zu aufgegeilt und lüstern. Peinlich berührt schaute ich Melanie an und bemerkte, dass ihr die Situation genauso unangenehm war wie mir. Bestimmt war das der Grund für ihre abrupte Reaktion gewesen. Ich gab ihr mit einem Handzeichen zu verstehen, dass ich den Club gleich verlassen würde, um eine Zigarette zu rauchen. Sie nickte, holte sich ihren Mantel und begleitete mich nach draußen, wo die frische Luft den Kopf ein wenig klarer werden ließ. »Dass die Leute gleich so starren müssen, als kämen wir vom Mond!«, seufzte ich.

»Wem sagst du das.« Melanie schien sichtlich genervt. Was verständlich war. Mich hatte die Unterbrechung unserer Knutscherei auch nicht gerade glücklich gemacht. Während ich noch überlegte, was ich zur Aufmunterung sagen könnte, beugte sie sich zu mir und flüsterte mir mit leicht heiserer Stimme ins Ohr: »Du küsst so unglaublich gut. Ich habe Lust auf mehr. Meinst du, Ricardo ist uns sehr böse, wenn wir einen heimlichen Abgang wagen?« Sie drückte mir einen Kuss auf die Lippen.

»Ich glaube nicht.« Ich lächelte, ging schnell zurück in den Club, um Ricardo zu suchen und ihn über unsere Pläne zu unterrichten. Er war gerade mit seiner Eroberung des Abends beschäftigt. Ich hatte noch nicht mal zu Ende gesprochen, als er schon bestätigend den Daumen hob und meinte, wir sollen das Auto nehmen. Er würde dann mit dem Taxi nachkommen. Oder auch nicht.

Ganz aufgeregt verließ ich den Club, packte Melanie am Arm und zerrte sie Richtung Auto, welches ein paar Straßen weiter in einem unbeleuchteten Wohnquartier stand. Ich stieg ein, rückte den Sitz in die richtige Position, und in dem Moment, als ich den Zündschlüssel ins Schloss stecken wollte – in freudiger Erwartung, dass ich vielleicht bald den nackten Körper dieser wunderbaren Frau spüren würde –, zog mich Melanie zu sich heran. Ich schrie leise auf, weil ich mit dem Hüftknochen auf die Handbremse geknallt war. Sie entschuldigte sich bei mir, indem sie mich mit Küssen bedeckte. Ich verlor jegliche Beherrschung und wohl auch jegliches Schmerzgefühl und kletterte zu ihr hinüber. Wir klappten den Beifahrersitz so weit nach hinten, wie es ging, und ich setzte mich auf sie. Bei der Berührung unserer Körper stöhnte ich laut auf und spürte, wie feucht ich schon war.

Melanies Hände waren überall und erforschten wild und unersättlich jeden Zentimeter meines Körpers. Wir küssten uns immer noch liebestoll. Es war, als könnten wir uns nicht nahe genug sein. Ich presste mich immer stärker an sie, so nah, bis es einfach nicht mehr näher ging. Ich wollte sie spüren, so sehr, dass es schon fast wehtat. Immer noch war sie zu weit weg, und ich versuchte, meine Beine um sie zu klammern, und begann ungeduldig mein Becken auf und ab zu bewegen. Immer heftiger. Melanie atmete schnell, und ihr Stöhnen machte mich so heiß, dass ich wusste, ich würde, noch bevor sie irgendwas mit mir anstellen konnte, meinen Höhepunkt erreichen. Es kribbelte überall in meinem Körper, meine Hände und Füße fühlten sich taub an, und zwischen meinen Beinen pochte es gierig.

Die Enge des Autos ließ uns nur wenig Raum, doch davon ließen wir uns nicht abhalten. Melanie flüsterte mir ins Ohr, dass sie ungeheure Lust habe, mich zu lieben, mich zu liebkosen, mich zu penetrieren, mich mit ihrer Zunge zu verwöhnen. Ich ließ mich kurz zurückfallen, ich war so voller Lust, ich hätte sie alles mit mir machen lassen. Hauptsache machen. Melanie nutzte die Gelegenheit, um mir die Hose aufzuknöpfen. Das Blut schoss in meine Klitoris. Ich erhob mich ein wenig, damit Melanie ihre Hand besser in meine Hose führen konnte, und als ihre Finger meinen Kitzler berührten, explodierte es auch schon in mir. Wie ein warmer Strom, der mich durchflutete. Ich schwebte. Mir war heiß. Ich fühlte mich wie ein Wattebausch. Selig. Erschöpft. Immer noch kribbelte und summte es überall. Völlig entkräftet ließ ich mich auf sie fallen, küsste sie und suchte Geborgenheit in ihrer Umarmung. Ich hatte in diesen drei Minuten – denn mehr waren es wohl nicht gewesen – so laut gestöhnt, dass mir Melanie ihre Hand auf den Mund gelegt hatte, und im Eifer des Gefechts hatte ich ziemlich fest hineingebissen. Stolz zeigte sie mir die Bissabdrücke und küsste mich. Ich war fix und fertig, schweißgebadet und unendlich glücklich.

»Lass uns nach Hause gehen«, sagte sie. »Wir sind noch lange nicht fertig.«

»Ich glaube nicht, dass ich jetzt in der Lage bin, Auto zu fahren. Das musst du übernehmen.« Ich zitterte immer noch am ganzen Körper, doch meine Lust war nicht im Geringsten gemildert. Im Gegenteil, ich konnte meine Hände nicht von ihr lassen und wünschte nichts mehr, als bereits zu Hause zu sein.

Melanie und ich leben heute noch immer zusammen. Zwar sind wir in unserer Beziehung auch durch viele Tiefs gegangen, doch wir haben immer wieder zusammengefunden. Schon komisch, wie die Dinge manchmal laufen. Gerade als ich dachte, ich wäre für immer und ewig dazu verdammt, mein konventionelles erbärmliches Liebes- und Sexleben mit Männern weiterzuführen, traf ich auf die faszinierendste Frau der Welt, die mich noch heute an jedem einzelnen Tag umzuhauen vermag. Mich immer wieder verblüfft. Mich immer wieder verführt.

Ich würde diese Begegnung, diese Erfahrung, nie mehr missen wollen. Insgeheim spüre ich, dass ich der Männerwelt wohl für immer den Rücken gekehrt habe. Nicht, weil ich Männer nicht mehr mag oder nicht mehr attraktiv finde. Aber ich habe das Glück gehabt, eine gänzlich andere Liebe und eine gänzlich andere Art von Sex zu erfahren. Eine Liebe, die mich mehr als alles andere auf der Welt zu befriedigen vermag und die ich wie einen wertvollen Schatz hüte. Natürlich frage ich mich manchmal, ob ich generell für Frauen mehr empfinde oder ob es einfach an Melanie als Person liegt und ich mich in ferner Zukunft, sollten sich unsere Wege einmal trennen, vielleicht nie mehr in eine Frau verlieben könnte. Aber mein Gefühl sagt mir, dass es nicht so ist. Ich bin angekommen, wo ich hinwollte, habe das gefunden, was ich so lange gesucht habe. Mich selbst.

»Als hätte ich
das erste Mal Sex«

Ana, 24

Ich war zwanzig Jahre alt und hatte vor meinem ersten homosexuellen Erlebnis wie fast alle bürgerlich-religiös erzogenen
Mädels vom Lande genügsam in meiner heterosexuellen Realität gelebt. Für mich gab es nur Männer, und ich war glücklich
damit. Dass überhaupt noch etwas anderes existieren könnte –
eine andere Form von Sexualität –, war mir in diesen jungen
Jahren nie wirklich bewusst geworden. Wie auch, ich wurde mit
dem Thema Homosexualität ja höchstens durch verfängliche
Filme im Fernsehen konfrontiert, die mir meine Eltern meist
sowieso verboten. Ich wurde zu Hause zur perfekten Hetera,
mir wurden die »wirklich wichtigen Werte« wie Intoleranz,
Schubladendenken und Spießigkeit in Hülle und Fülle mitgegeben – jedenfalls was die verschiedenen Facetten menschlicher
Sexualität anging. Meine Eltern gaben sich keine Mühe, ihr Unverständnis und ihren Ekel Homosexuellen gegenüber zu ver-
heimlichen. In endlos langen Diskussionen am Abendbrottisch
wurde mir unmissverständlich eingetrichtert, dass diese Form
der Sexualität abnormal sei. Geradezu teuflisch und gefährlich!

Meine Familie kommt aus Portugal, aber meine Eltern sind
irgendwann in die Schweiz ausgewandert, wo ich aufgewachsen bin. Ich hatte eine Tante, die bisexuell war. Das schwarze

Schaf der Familie sozusagen. Und das im prüden Portugal der frühen siebziger Jahre! Eine Schande für die ganze Familie. Und weil man nicht einfach ohne Grund »krank« und »abartig« wurde, musste es einen anderen, einleuchtenden Grund für ihre kurzfristige Irrfahrt in die Welt der gleichgeschlechtlichen Liebe gegeben haben.

Ihrem schweren Drogenkonsum – sie rauchte dann und wann einen mickrigen Joint – die Schuld für ihre sexuellen Aussetzer zu geben war unter diesen Umständen eine ideale Erklärung. Bloß nicht darüber sprechen, war das Motto. Deshalb erstaunte es nicht, dass auch ich eine durch und durch homophobe Einstellung pflegte. Ich war natürlich überhaupt nicht stolz darauf, aber schuldig für mein damaliges Verhalten fühlte ich mich in dem Sinne auch nicht, da ich gar nichts anderes kannte. Dieses Gedankengut war mir von den Eltern mitgegeben worden, und auf die Eltern hörte man ja schließlich. Gerade in jungen Jahren sind Kinder so beeinflussbar, und ich spreche aus eigener Erfahrung, wenn ich sage, dass es eine echte Herausforderung darstellt, solche mitgegebenen Prinzipien zu revidieren.

Aufgrund all der Hetztiraden, denen ich im Laufe meiner Jugend ausgesetzt war, erschien es mir mit meinen unschuldigen 18 Jahren total unverständlich, wie man eine Frau lieben konnte. Oder gar Sex mit ihr haben! Ich versuchte nicht einmal, es zu verstehen. Für mich war es einfach nur abnormal und eklig. Folglich verhielt ich mich wie meine Eltern und die Großzahl unserer Mitmenschen und lästerte gewaltig über Lesben und Schwule ab. Angst vor dem Unbekannten könnte man es wohl auch nennen. Dass ausgerechnet ich mal eine Beziehung mit einer Frau eingehen würde, hat nicht nur meine Freunde und Bekannten in höchstem Maße überrascht, sondern in erster Linie mich selbst.

Ich hatte nie das Bedürfnis gehabt, mit einer Frau herumzuknutschen oder sogar noch weiter zu gehen. Gott bewahre! Ich war sogar so verkorkst, dass ich während einer Afrika-Reise mit meiner damals besten Freundin zwei Einzelbetten einem Doppelbett vorzog, und wenn es sein musste, hätte ich eher auf dem krüppeligen Sofa übernachtet. Ein steifer Nacken war während dieser vier Wochen an der Tagesordnung. Aber alles war mir lieber als die Gefahr, auf zu intime Art und Weise mit ihr auf Tuchfühlung zu gehen. Man könnte so weit gehen und behaupten, dass ich, was Frauen anging, auf zwischenmenschlicher Ebene verhaltensgestört schien! Oftmals empfand ich sogar eine Umarmung als zu viel.

Viele mögen sich jetzt sagen: »Sie hat damals bestimmt gespürt, dass sie eigentlich lesbisch ist, und konnte es sich selbst einfach nicht eingestehen.« Aber das war wirklich nicht der Fall. Ich hegte nie irgendwelche Gefühle für eine Person weiblichen Geschlechts. Natürlich fand ich gewisse Frauen interessant und spannend, manchmal sogar faszinierend, doch diese Neugierde war rein platonischer Natur.

Irgendwann jedoch hatte auch ich einen Anflug homoerotischer Neugierde, und zwar ironischerweise gerade nach der Pubertät. Ausschlaggebend waren zwei Dinge: ein unerwarteter Zwischenfall und eine langsam einsetzende Männerlangeweile – und das im zarten Alter von zwanzig Jahren. Ich hatte genug vom ewigen Macho-Gehabe der Männer. Genug von diesen unendlichen Profilneurotikern, die Frauen wie Trophäen behandelten.

Wie sollte ich mich als Frau geschmeichelt fühlen, wenn ein Typ auf mich zukam, mich mit Komplimenten und geschleimten Nettigkeiten überhäufte, um gleich fünf Minuten nach meinem Korb einer anderen hinterherzusabbern? Vom ewigen Gepfeife mal ganz zu schweigen. Hatten Männer denn immer noch nicht begriffen, dass wir keine Hunde sind und auf diese Art Lockrufe nicht reagieren?

Oder meine Lieblingsbeobachtung: Wenn ich leger gekleidet und mit Turnschuhen an den Füßen einkaufen ging, dreht sich niemand nach mir um. Aber allein schon der Klang von Zehn-Zentimeter-Absätzen auf dem Asphalt ließ die Köpfe der Männer umgehend zurückschnellen. Natürlich ist mir bewusst, dass die äußere Erscheinung einer Person wichtig ist, trotzdem will ich auch als Person ernst genommen werden.

Den entscheidenden Schritt in Richtung Homosexualität machte ich schließlich auf einer Nullachtfünfzehn-Party. Wieder einmal zog es mich in meinen Stammclub. Ein kleiner voll gestopfter Raum im Stil eines Irish Pub, den die Besitzer noch im Sommer volle Pulle heizten, damit sich das Geschäft mit dem Getränkekonsum auch wirklich lohnte. An der Decke hingen vier große Ventilatoren, die jedoch komischerweise nie zu funktionieren schienen. Die Wände waren teils mit dunklem Holz überzogen, teils mit riesigen Silberspiegeln. Die Musik war stets dasselbe eintönige Geplärr. Von Nena über Prince bis hin zu Nirvana. Hauptsache, das anspruchslose Partyvolk kannte die Songs und konnte noch im Vollsuff beherzt mitsingen. Der Club war zwar nichts Extravagantes, aber immer ein sicheres Pflaster, wenn es darum ging, alte Kollegen und Mitschüler zu treffen. Da man mich als Stammgast schätzte, musste ich glücklicherweise nicht mehr am Eingang anstehen und wurde sofort von den Türstehern durchgewinkt.

Die Stimmung am besagten Abend war wie immer ausgelassen und die Musik eingängig. Gut gelaunt tanzte ich mich durch die Menge, bevor ich mir – kurz vor dem Dehydrationstod – einen Drink an der Bar genehmigte. »Einen Caipirinha, bitte!« Vielleicht würde der Alkohol meinen Tanzstil noch etwas aufpeppen, denn heute schien nicht mein rhythmischster

Tag zu sein. Eher spastisch erschienen mir meine Bewegungen, und der Rhythmus drang nicht ganz bis zu meinen Beinen durch. Ganz zu schweigen von den hohen Absätzen, die mir die halsbrecherischen Tanzschritte nicht verziehen. Alle paar Minuten knickte ich um, was ich natürlich cool zu überspielen versuchte. Es galt die Zähne zusammenzubeißen und den Schmerz ohne Gejammer und verzogene Miene zu ertragen.

Da stand ich nun am Tresen, nippte an meinem Caipirinha und schaute in die Runde, als mich plötzlich irgendjemand brutal gegen die Bar drückte. Meine Rippen schlugen hart auf die Metallhalterung. Ich konnte mich nicht umdrehen, aber ich erblickte den Barspiegel mir gegenüber und versuchte, zwischen Tequila- und Bacardi-Flaschen eine freie Stelle zu finden, in der sich der Angreifer widerspiegeln würde. Doch es war kein Er. Es war eine Frau! Erstaunlich, da normalerweise nur Männer auf solche plumpen und ineffizienten Anmachen setzten. Die Unbekannte war sportlich schlank, mittelgroß, hatte schwarzes, glattes, langes Haar, war ausgesprochen hübsch und hatte eine mysteriös-beängstigende, gleichermaßen aber sehr anziehende Aura. Grünbraune Augen! Sie war nur leicht geschminkt und hatte diese Lippen, die von Natur aus rot gefärbt waren. Sie drückte mich fester gegen den Tresen und umschlang mit ihren Armen meine Taille. Ihr Mund war ganz nah an meinem Ohr und ich bekam Gänsehaut.

»Hey Süße! Du gefällst mir«, flüsterte sie mir mit einer etwas rauen Stimme ins Ohr. Wütend befreite ich mich aus ihrem Griff und drehte mich um. Mit einer unmissverständlichen Geste gab ich ihr zu verstehen, dass sie sich sofort verdrücken solle, ansonsten würde es was setzen. Wie konnte sie es wagen! Hatte ich was auf der Stirn kleben, das allen Menschen jeglicher sexueller Orientierung einen Freipass versprach?

Schimpfend ging ich zu meinen Freunden zurück, aber ich konnte mich überhaupt nicht mehr aufs Tanzen konzentrieren. Trotz der Wut, die ich verspürte, bemerkte ich, wie meine Blicke immer wieder zu ihr rüberwanderten. Schlimmer noch: Ich ertappte mich fortlaufend dabei, wie meine Augen Blickkontakt suchten, und das machte mich nur noch stinkiger. Ich wollte es mir nicht eingestehen. Wollte nicht akzeptieren, dass sie mich auf irgendeine absurde Art und Weise faszinierte. Und doch. Sie gefiel mir. Sehr sogar, und wenn ich ehrlich war, hatte dieser kleine Tresen-Überfall etwas in mir ausgelöst, mich fast schon erregt.

Im Laufe des Abends begann ich langsam meine inneren Sehnsüchte zu akzeptieren. Insgeheim wollte ich ihren warmen Körper nochmals an meinem spüren, die Wölbung ihrer Brüste an meinem Rücken. Plötzlich erinnerte ich mich daran, wie gut sie gerochen hatte. Diesen Duft wollte ich wieder riechen, doch ich war zu feige, auch nur einen Schritt in ihre Richtung zu machen. So steigerte ich mich total in die Situation hinein, meine Fantasie arbeitete auf Hochtouren. In meiner Vorstellung näherten sich ihre Lippen langsam meinem Nacken, und bevor sie ihn liebkosten, löste schon nur der Hauch ihres Atems Begierde in mir aus. Ich glaube, dass ich beim Gedanken daran laut gestöhnt haben muss, denn als ich den Blick für die Realität wieder gewonnen hatte, stand René – ein Mitglied unserer Clique – vor mir und fragte, ob ich Schmerzen hätte. Eine peinliche Röte stieg mir ins Gesicht, wurde aber zum Glück von der Dunkelheit des Clubs verschluckt.

»Ich bin umgeknickt! Immer diese verdammten Holzböden!« Ich fasste mich wieder und hielt erneut Ausschau nach ihr. Ich gab die Hoffnung nicht auf, vielleicht doch noch mal ihren Blick zu erhaschen, aber das konnte ich mir wohl abschminken. Zu klar hatte ich meiner Abneigung an der Bar

Ausdruck verliehen. Ich hätte mich ohrfeigen können für meine Dummheit. Aber im Nachhinein ist man immer schlauer.

Der Abend verging wie im Fluge, und plötzlich wurde das gedämpfte Clublicht aus- und die stimmungstötende Neonbeleuchtung eingeschaltet. Die bulligen Türsteher machten uns höflich darauf aufmerksam, dass es nun an der Zeit sei aufzubrechen. Vom penetranten Licht der schweren Kitsch-Kronleuchter geblendet, sah ich mich ein letztes Mal nach der hübschen Schwarzhaarigen um, aber weit und breit war keine Spur von ihr zu sehen. Enttäuscht beschloss ich, nach Hause zu laufen, um einen kühlen Kopf zu bekommen.

Es war eine laue Sommernacht und die Luft noch angenehm warm. Je weiter ich mich vom Club-Areal entfernte, desto ruhiger wurde es, bis ich schließlich nur noch meinen regelmäßigen Atem und das Hallen meiner Schritte hören konnte. Ab und an erhellten die Scheinwerfer vorbeifahrender Autos die sonst stockfinster vor mir liegende Straße. Während ich den Gehsteig entlangschlenderte, versuchte ich, den Abend zu rekapitulieren. Was war mit mir passiert? Hatte ich mich in eine Frau verliebt, die ich nicht einmal kannte? Nein. Ich wusste ja selbst am besten, dass man noch nicht von »Verliebtsein« sprechen konnte. Ich war verwirrt, und meine Gefühle pendelten zwischen Sehnsucht und Scham. Dieses Schamgefühl war schlecht zu beschreiben, doch ich fühlte mich auf irgendeine Weise schuldig. Ich fühlte mich zu einer Frau hingezogen, und das durfte einfach nicht sein. Der Versuch, mir meine Emotionen und Sehnsüchte auszureden, scheiterte an diesem Abend kläglich.

Plötzlich riss mich das quietschende Geräusch eines haltenden VW Golf aus meinen Träumereien. Kurzfristig packte mich die Angst, als die Fahrertür aufsprang und eine schlanke, langhaarige Gestalt auf mich zustürzte.

»Warte kurz!«

Sie! Sie war es! Sie kam etwas außer Atem zu mir gelaufen, packte mich an der Hand und meinte: »Es tut mir wirklich leid. Ich wollte dir nicht zu nahe treten ... vorhin. Im Club.«

Ich war wie erstarrt. Das Adrenalin schoss durch meinen Körper und legte mein Hirn lahm. Mein Herz fing wie wild zu rasen an, und eine mir unbekannte Erregung ergriff Besitz von mir. »Schon gut«, murmelte ich kaum hörbar. Eigentlich wollte ich nichts lieber, als ihr um den Hals fallen, aber so sehr ich mich auch bemühte, ich konnte mich nicht bewegen. Gott sei Dank kam mir die Unbekannte zu Hilfe. »Ich will wirklich nicht nerven oder anmaßend wirken, aber du gefällst mir einfach. Ich weiß, das hört sich jetzt total bescheuert an, weil ich dich heute zum ersten Mal gesehen habe und ich noch nicht einmal weiß, ob du auf Frauen stehst, aber bitte denk nicht, ich sei ein Psycho oder so. Vielleicht hättest du Lust auf einen unverbindlichen Drink? Nur so zum Quatschen und so?«

Warum eigentlich nicht? Ich meine, genau darauf hatte ich ja den gesamten Abend gehofft. Auf eine zweite Chance! »Okay, wieso nicht? Ich bezweifle aber, dass wir um die Uhrzeit in diesem Kaff noch eine Bar finden werden, die geöffnet ist.« Und ohne groß zu überlegen, fügte ich im selben Atemzug hinzu: »Wir können ja zu mir gehen. Meine Eltern sind übers Wochenende weggefahren.« Sie nickte.

Von meinem plötzlichen Mut überrascht, stieg ich ins Auto, und gemeinsam fuhren wir – begleitet von stimmungslockernder ABBA-Musik – zu mir nach Hause. Ein wenig mulmig war mir schon zumute, und ich traute mich die ganze Fahrt über kaum, zu ihr rüberzuschauen. Dafür tat sie das umso mehr. Ich spürte ihre sehnsüchtigen Blicke, die mich von Kopf bis Fuß durchleuchteten und schließlich mehrmals für längere Zeit auf meinem Gesicht Halt machten.

»Konzentrier dich mal besser auf die Straße«, sagte ich. »Ich will heil nach Hause kommen!« Sie lachte und meinte, dass das auch ganz in ihrem Sinne sei. Ich kam nicht umhin, die Zweideutigkeit ihrer Worte zu bemerken.

»Wieso denn das?«, fragte ich. »Ich dachte, wir wollen quatschen?« Ich fühlte mich zunehmend sicherer in meiner Rolle als Objekt der Begierde. Eigentlich war es ja wie Mann und Frau, nur eben Frau und Frau, aber die Rollen blieben im Grunde dieselben. Wieso also sollte ich mich auch so bescheuert anstellen? Die Stimmung zwischen mir und Seraina – so hatte sie sich vorgestellt – wurde lockerer. Sie begann, von ihrem Abend zu erzählen. Ganz ehrlich hörte ich nur mit halbem Ohr hin. Nicht, weil es nicht spannend gewesen wäre, sondern weil noch immer Tausende von Gedanken durch meinen Kopf schossen.

»Wow. Du wohnst aber in einem echt edlen Quartier«, sagte sie, als wir angekommen waren. »Bist du sicher, dass deine Eltern nicht zu Hause sind?« Seraina schien für einen kurzen Moment ihre Nonchalance und Coolness verloren zu haben.

»Mach dir mal keinen Kopf«, erwiderte ich. »Ich hab alles im Griff.« Ich stieg aus dem Auto aus, lief Richtung Haus, drehte den Schlüssel und öffnete die Eingangstüre. Die Eingangshalle lag ruhig in der Dunkelheit, nur vom schummrigen Licht der nahe stehenden Straßenlampe erleuchtet, deren sanftes Geflimmer eine angenehm romantische Dämmerungsstimmung verbreitete. Obwohl ich schon seit Jahren hier wohnte, fand ich den Lichtschalter nicht auf Anhieb, was wohl an der Nervosität lag, die jetzt immer stärker wurde. Noch während ich mit meiner Hand an der kühlen weißen Wand entlangfuhr, spürte ich Serainas Körper, der sich sanft von hinten an mich drückte. Déjà-vu!

»Lass doch das Licht!« Angespannt fuhr ich ein letztes Mal mit meiner Hand die Wand entlang, in der Hoffnung, den Schalter doch noch zu finden. Ich war hin und her gerissen! Einerseits wollte ich es so sehr. Ich wollte den Körper dieser Frau an meinen pressen. Ich wollte ihre Lippen schmecken, ihre Wölbungen spüren. Auf der anderen Seite hatte ich Angst, Angst vor einer neuen Erfahrung, Angst, etwas falsch zu machen, Angst, abgewiesen zu werden. Und natürlich das Schuldgefühl. Das Gefühl, etwas Verbotenes zu tun, war sehr reizvoll, aber nach meinen eigenen, festgefahrenen Vorstellungen war das hier definitiv falsch! Doch mein Wille war zu Pudding geworden, und so ließ ich es geschehen.

In der Dunkelheit suchten Serainas Arme meine Taille. Ihre zärtlichen Hände umfassten sanft meine Hüfte und glitten weiter zu meinem Bauch, den sie gefühlvoll liebkosten. Ich gab die Suche nach dem Lichtschalter auf und stöhnte leise. Ich schloss die Augen und versuchte, alle Zweifel und Ängste zu ignorieren. Es gelang mir auch für einen kurzen Moment. Mit einem Knall fiel die Tür hinter Seraina ins Schloss. Im Halbdunkeln sah ich ihre schlanke, grazile Silhouette, die sich mir wieder langsam näherte. Ich atmete schwer, konnte mich nicht bewegen. Sie drückte mich so heftig an die Wand, dass ich kaum mehr atmen konnte. Ich spürte die Weichheit ihrer Brüste, die Wärme ihres Atems.Vorsichtig ließ ich meine Hände über ihren Körper wandern. Mich durchströmte ein Gefühl der Wärme, ein entfesselndes Kribbeln. Intuitiv umfasste ich ihr Gesäß, drückte es fest an meinen Unterleib und schob es rhythmisch vor und zurück. Das schien sie anzutörnen, denn Seraina begann, immer heftiger zu stöhnen und ihr Becken zu bewegen. Ich spürte eine sinnliche Gier, die ich mit Männern so nie wahrgenommen hatte. Irgendwas war anders. Es war ehrlich. Es war pur. Es war tief. Es war sehnsüchtig!

Meine Augen hatten sich langsam an die Dunkelheit gewöhnt. Ich wagte einen Blick in Serainas Gesicht. Nie zuvor
hatte ich sexuellen Genuss so wahrgenommen. Ihr Mund war
halb geöffnet, ihre Augen geschlossen. Ruhig und entspannt.
Genießerisch.

Plötzlich spürte ich, wie Seraina ungeduldig zuerst meine
Bluse, dann meine Hose aufzuknöpfen begann. Ich wehrte
mich, ging mir das alles doch ein wenig zu schnell. Doch sie ließ
sich nicht von ihrem Vorhaben abbringen und schälte mich mit
geschickten Handgriffen aus meinen Kleidern. Meine Nacktheit beschämte mich. Ich fühlte mich ausgeliefert. Das erste
Mal von meinesgleichen begutachtet. Würde ich, würde mein
Körper ihren Anforderungen standhalten? Männer waren da
ja nicht so wählerisch. Frau war schließlich Frau, und Brüste
waren Brüste. Aber worauf achteten Frauen? Was war ihnen
wichtig? Was törnte sie an? Ich hatte keine Ahnung. Plötzlich
kam die Unsicherheit zurück. Ich begann teils aus Erregung,
teils aus Angst zu schwitzen.

Ich lehnte mich an die Tür und wartete. Ich fühlte mich,
als hätte ich das erste Mal Sex, dabei war ich normalerweise
keine von der verklemmten Sorte. Normalerweise. Doch hier
war alles anders. Meine Intuition war wie weggeblasen. Ich
konnte mich weder in Seraina noch in die Situation hinein-
fühlen. Was könnte ihr gefallen? Und was bitte schön sollte ich
»da unten« und mit ihren Brüsten anstellen? Fummeln? Finger
reinstecken? Natürlich wusste ich, was ich mochte, aber ich
traute mich nicht, es bei ihr auszuprobieren. Ich war unsicher,
ich kämpfte mit mir selbst.

Es war nicht Seraina, die mir Angst machte. Im Gegenteil.
Sie schien nicht das erste Mal an eine heterosexuelle Frau
geraten zu sein, und sie nahm mein Zögern hin und versuchte,
mir zu helfen, mich zu entspannen. Gesprochen wurde gar

nichts. Alles, was sie sagte, sagte sie mit Berührungen. Die Sprache der Lust.

Die Tür meines Schlafzimmers links der Eingangshalle stand offen. Seraina zog mich hinter sich in den Raum und legte mich aufs Bett. Die Laken waren kühl und fühlten sich angenehm erfrischend auf meiner warmen, verschwitzten Haut an. Sofort verbreitete sich diese Empfindung in alle Richtungen, fuhr meinen Oberkörper entlang runter zwischen meine Beine. Als ich aufblickte, hatte sich Seraina bereits vollständig ausgezogen und war gerade dabei, sich mit gefühlvollen Küssen meiner Schamgegend zu nähern. Wieder zierte ich mich und drückte ihren Kopf weg. Zärtlich strich sie meine Hand zur Seite und nutzte den kurzen Moment, um mit ihrer Zungenspitze behutsam meine Klitoris zu ertasten. Wieder drückte ich sie weg, doch die kreisenden Bewegungen ihrer feucht-kühlen Zunge taten bereits ihre Wirkung. Ich wollte mehr. Plötzlich ungehemmt, nahm ich ihren Kopf und drückte ihn nach unten. Ihre Zunge wurde immer schneller, Taubheit breitete sich bis in meine Fingerspitzen aus, und als Seraina mich gleichzeitig mit ihren Fingern penetrierte, entlud sich meine angestaute Lust im intensivsten Orgasmus, den ich je erlebt hatte.

Benommen blieb ich liegen, versuchte, die Kontrolle wiederzufinden. Ich war überwältigt von dem, was ich gerade erlebt hatte. Es war rein technisch nichts Besonderes gewesen. Nichts, das ich mit Männern nicht auch schon erlebt hatte. Im Gegenteil. Keine exotischen Positionswechsel. Keine stundenlange Penetration. Und doch hatte es alle meine Erwartungen übertroffen. Ich war geborgen. Ich fühlte mich begehrt für das, was ich war, nicht nur als passives Instrument. Ich war ein lebendiger Teil dieses Zusammenspiels gewesen.

Seraina hatte sich neben mich gelegt und hielt mich im Arm. Zärtlich streichelte sie mir über die Stirn und küsste mich zum ersten Mal. Die Empfindlichkeit nach meinem Orgasmus ließ mich erneut erzittern. Mein ganzer Körper bebte unter ihren Küssen. Ich war glücklich. Erschöpft. Und um eine Erfahrung reicher, die ich nicht missen wollte.

»Endlos mit ihr
verschmelzen«

Carla, 32

Ich bin wohl das, was die meisten Menschen gerne als Voll-lesbe bezeichnen. Vor allem die, die es aufgrund fehlender Erfahrungswerte für nötig halten, mich andersartiges Wesen in irgendeine Schublade zu stecken. Irgendwie macht mich das aber sogar stolz. Immerhin mache ich niemandem etwas vor und stehe zu dem, was ich bin. Ich gebe oder kleide mich nicht männlich, weil ich ein Mann sein will, sondern einfach, weil mir danach ist und ich so der eher maskulinen Seite meiner Persönlichkeit Ausdruck verleihen möchte. Ich fühle mich nun mal viel wohler in weiten Männerjeans, Surfer-Shirts und Turnschuhen. Ich mag kein langes Haar oder angemalte Nägel. Es hat aber nichts damit zu tun, dass ich wie ein Mann rüberkommen oder einen auf Obermacker machen will. Das bin einfach ich. Das sind meine Bedürfnisse. So fühle ich mich gut, und das schon, seit ich klein war.

Bereits als kleines Mädchen weigerte ich mich energisch, die Rüschchenblusen und farbenfrohen Mädchenkleider an-zuziehen, die meine stolze sizilianische Mutter auf dem Markt erfeilschte, sondern quengelte lieber so lange, bis sie schließ-lich nachgab und mit mir den nächsten Jeansladen aufsuchte. Ich brachte sie fast zur Verzweiflung mit meiner burschikosen

Art. Sie wünschte sich nichts mehr als ein Püppchen, das sie nach Herzenslust schmücken, verzieren und frisieren konnte, um es dann den Nachbarn und Freunden auf den zahlreichen Festen zu präsentieren. Leider machte ich meiner Mama von Beginn an einen dicken Strich durch die Rechnung, und statt auf lange Locken bestand ich schon früh auf Kurzhaarschnitt. Die Trachten und rosa Kleidchen wurden entweder von Anfang an boykottiert oder nach spätestens zehn Minuten durch heftiges Wälzen in Gras, Sand und Schlamm fast bis zur Unkenntlichkeit verschmutzt. Irgendwann sah meine Mama ein, dass sie mich nicht verbiegen konnte, und überließ wenigstens die Kleiderwahl mir selbst.

Ich habe nie auch nur den kleinsten Zweifel an meiner sexuellen Ausrichtung gehabt. Mir war schon von ganz klein auf klar, dass ich anders war. Natürlich versteht man das mit zehn oder zwölf noch nicht so richtig, weil man in diesem Alter noch nicht bewusst nach gesellschaftlichen Konventionen lebt. Ich wusste nicht, wie ich die Schwärmerei für meine beste Freundin oder die Turnlehrerin zu deuten hatte. Ich schwärmte einfach, und es schien mir das Normalste der Welt zu sein, und es kam mir nie in den Sinn, dass mehr dahinterstecken könnte als nur freundschaftliche Zuneigung. Außerdem sprachen wir in diesem Alter noch gar nicht miteinander über Schwärmereien, und so konnte ich mich nicht mit den anderen Mädchen in meinem Alter vergleichen. Ich ging davon aus, dass das, was da gefühlsmäßig mit mir passierte, den anderen auch so erging.

Dass dem nicht so war, wurde mir leider schon früh auf ziemlich brutale Art und Weise klargemacht. Dadurch, dass ich nichts »Böses« hinter meiner Vorliebe für das weibliche Geschlecht vermutete, ging ich naiv und offen mit meinen Gefühlen um. Ich überlegte mir eigentlich nie, was wohl die anderen

darüber denken könnten – bis sie anfingen, mich deshalb auf-
zuziehen. Dabei konnten die meisten noch nicht mal etwas für
diese intolerante Einstellung, es war die Denkweise, die sie von
zu Hause und aus den Medien mitbekommen hatten.

All das führte schließlich dazu, dass ich mich um des lieben
Friedens willen vorerst von der Frauenwelt abwandte und mich
für eine Weile mit Jungs zu treffen begann. Das lief eigentlich
ziemlich gut, denn dadurch, dass ich ja selbst eher ein Wildfang war, fanden mich die Jungs cool und mochten mich gerne
bei ihren Streifzügen und beim Abhängen dabeihaben. Ich war
in ihren Augen so richtig eine zum Pferdestehlen. Das schützte
mich für einige Jahre vor den Bemerkungen meiner Mitschüler.
Mit 14 war ich sogar kurz mit einem meiner Schulkameraden
zusammen, aber ich hätte es auch sein lassen können, denn ich
wusste einfach, dass ich nie und nimmer auf Männer stehen
würde.

Ich musste zuerst zu mir selbst finden. Ich musste eine Stärke
entwickeln, die ich zuerst nicht hatte, ich musste mich damit
auseinandersetzen, was es hieß, lesbisch zu sein. Ich musste in
mich hineinhorchen und herausfinden, ob mir meine »Anders-
artigkeit« all den Spott wert war. Um mich langsam an all
das herantasten zu können, ging ich vorerst lieber den kon-
formen Weg, der mir in dieser Lebensphase ein wenig Raum
zum Atmen gab.

Dass ich meine Homosexualität trotz all dieser Probleme
ausleben wollte, wurde mir bewusst, als Carolina in mein
Leben trat. Ich war 16, sie war 24 und die Ersatztrainerin
meines Frauen-Basketballteams.

Zweimal pro Woche ließ ich meiner angestauten Energie
beim Bälledribbeln freien Lauf. Die Altersspanne meiner Teamkolleginnen reichte von 16 bis 20, ich hatte also die Position
des Nesthäkchens unseres Teams inne. Da ich für mein Alter

jedoch schon ziemlich groß und zudem sehr ambitioniert war, nahm mich unsere damalige Trainerin sofort in ihr Team auf. Das Basketballtraining bedeutete mir aber nicht nur deshalb so viel, weil es mir zweimal pro Woche erlaubte, so richtig abzuschalten und alles um mich herum zu vergessen, sondern auch, weil ich dort endlich auf Gleichgesinnte traf.

Das Gefühl, mit meiner Fremdartigkeit allein zu sein, schmolz dahin und machte den Weg frei für eine ganz neue Dimension der Selbstsicherheit, aber auch der Selbstkenntnis. Ich fand Freundinnen, gute Freundinnen, mit denen ich über all meine Sehnsüchte offen sprechen konnte. Ich bin so dankbar dafür, denn ohne diese glückliche Fügung hätte ich wohl – wie viele andere Frauen auf dieser Welt – nie den Mut aufgebracht, auf meine eigenen Bedürfnisse und mein Verlangen zu achten. Alleine hätte ich es wohl nicht geschafft.

Monica, unsere damalige Trainerin, war im fünften Monat schwanger, als sie unserem Team mitteilte, dass sie das Trainer-Amt vorübergehend an eine Vertretung namens Carolina abgeben würde. Carolina käme zwar frisch von der Uni, aber sie hätte selbst jahrelang Basketball gespielt und stünde immer noch regelmäßig als Point Guard in der Nationalliga B auf dem Feld. Eigentlich war ich über diesen Wechsel nicht besonders glücklich, da ich Monica echt cool fand und wir in den zwei Jahren, die ich jetzt schon im Club spielte, eine Art Freundschaft aufgebaut hatten. Ich genoss die gemeinsamen Drinks nach dem Training, die sie einmal pro Monat im nahegelegenen Irish Pub ausgab. Sie hatte immer ein offenes Ohr für meine Anliegen, und langsam wurde sie für mich zu einer Art Ersatzmutter. Ich mochte mir gar nicht ausmalen, was die Neue für eine sein würde. Es war mir auch egal. Hauptsache, Monica würde bald wieder zurückkommen, wie sie es versprochen hatte. Zu diesem Zeitpunkt wusste ich natürlich noch nichts von Carolina, sonst hätte ich mir wohl gewünscht, Monicas Mutterschaftsurlaub würde ewig dauern!

Als das erste Training mit Carolina vor der Tür stand, verspürte ich nicht die geringste Lust, in den Zug zu steigen und den 35-minütigen Weg zum Basketballtraining auf mich zu nehmen. Ich hatte überhaupt keinen Bock auf neues Kennenlernen, neue Sitten, neue Regeln, neuen Groove. Ich wusste aber, dass ich ohne sportliche Betätigung sowieso nur genervt zu Hause herumliegen und mich irgendwann mit meiner Mutter streiten würde.

Also packte ich meine Tasche, zog mir meinen blauen Kapuzenpulli über und machte mich auf den Weg. Vor der Sporthalle angekommen, rauchte ich zuerst noch demonstrativ eine Zigarette, in der Hoffnung, die neue Trainerin würde es mitbekommen. So würde sie gleich wissen, woran sie bei mir war. Während ich lässig an meiner Kippe zog, liefen immer wieder mir unbekannte Mitglieder der anderen Mannschaften an mir vorbei. Die Sporthallen beherbergten an diesem Abend nämlich nicht nur unser Team, sondern noch eine Volleyball- und eine Handballmannschaft.

Ich sog den Rauch des letzten Zigarettenzugs tief in meine Lunge und wollte gerade den Stummel wegwerfen, als mein Blick auf eine Blondine mit Pferdeschwanz und übertrieben großer Sporttasche fiel, die gerade dabei war, ihr Fahrrad mit einem gigantischen Schloss an den Pfeiler zu ketten. Die tat geradezu so, als wäre der Rahmen aus Gold gegossen. Dabei stellte sie sich ziemlich unbeholfen an und betrachtete nach der Aktion kritisch ihre frisch manikürten Nägel. Typisch Tussi, dachte ich. War wohl eine der Volleyballerinnen. Die putzten sich zum Training so raus, als wäre es eine Miss-Universum-Wahl.

Die Blonde ging, ohne mich eines Blickes zu würdigen, an mir vorbei und betrat die Eingangshalle. Zu meinem Erstaunen betrat sie nicht die Spielerkabine, sondern den Umkleide-raum der Trainerinnen. Das war bestimmt die Trainerin der Volleyballmannschaft, dachte ich mir. Na, zum Glück musste ich nichts mit ihr zu tun haben!

Als ich den Umkleideraum betrat, quasselten meine Mann-schaftskolleginnen schon aufgeregt darüber, wie wohl die Neue sein würde. Sie hatten ihr sogar ein kleines Begrüßungs-geschenk gekauft – ein Plüschtier in Form einer Erdnuss, aber mit Gesicht. Das sollte unser zukünftiges Maskottchen dar-stellen. Entnervt winkte ich ab, als Simone mit einem kleinen Pappkarton die Runde machte und Geld für das Geschenk einsammelte. Ich wollte damit nichts am Hut haben, schließ-lich kannte ich die neue Trainerin noch gar nicht. Die anderen begannen, empört auf mich einzureden: Ich sollte mich der Neuen gegenüber nicht so unfair verhalten und ihr wenigstens eine Chance geben, sich bei uns zu etablieren. Für eine Nano-sekunde fragte ich mich, ob mein Benehmen wirklich richtig war, und gelobte innerlich Besserung.

Doch als ich die Halle betrat und sich die Blonde von vorhin als unsere neue Trainerin vorstellte, fegte ich alle guten Vor-sätze mit einem Schlag vom Tisch und blieb erst mal fassungs-los in der Ecke der Halle sitzen. Das durfte nicht wahr sein! Ich dachte darüber nach, wieder zurück zur Umkleidekabine zu laufen, mich umzuziehen und diesem und all den darauf-folgenden Trainings bis zu Monicas Rückkehr den Rücken zu kehren. Allerdings konnte ich mich vor Schock kaum bewegen und so verfolgte ich gelähmt, wie sich alle der Reihe nach brav bei der Neuen vorstellten und ihr das Begrüßungsmaskottchen übergaben. Carolina war gerührt und bedankte sich mit in meinen Augen allzu überschwänglicher, gekünstelter Begeiste-rung. Aber sie konnte mir ja sowieso nichts recht machen, so viel war klar. Jetzt nicht und auch in Zukunft nicht. Es war mir nicht entgangen, dass Carolinas Blicke ein paar Mal in meine Richtung gewandert waren, sie mich aber nie lange angesehen oder das Wort an mich gerichtet hatte. Gut so. Immerhin hatte sie verstanden und würde mich in Ruhe lassen.

Nach dem gegenseitigen Kennenlernen beschloss Carolina, das Training mit ein paar Jogging-Runden auf dem Hof einzuläuten und den Rest der zwei Stunden mit einem Basketballspiel zu füllen, das ihr eine erste Einschätzung der Stärken und Schwächen unseres Zusammenspiels erlaubte. Auf dem Weg nach draußen packte mich jemand am Unterarm. Ich schaute mich um und blickte in Carolinas Gesicht. Sie lächelte und sagte etwas, das ich nicht hören konnte. Mit einem Kopfschütteln zeigte ich, dass ich sie nicht verstanden hatte. Sie nervte mich, und das Letzte, was ich wollte, war mich und mein Verhalten erklären zu müssen. Außerdem wusste ich sowieso, was kommen würde. Das übliche »Ich verstehe dich, natürlich ist die Situation für dich neu ... aber gib mir 'ne Chance ... so übel bin ich gar nicht«. Carolina hielt mich fest und zwang mich so, kurz stehen zu bleiben. Statt der erwarteten Leier verblüffte sie mich mit fünf knappen Worten: »Das kostet dich ein Bier!«

Hatte ich wirklich richtig gehört? Wahrscheinlich hatte ich mir das nur eingebildet, das war wahrscheinlicher. Aber was sonst könnte sie gesagt haben, das so ähnlich klang? Eins hatte Carolina geschafft: Mein Zorn war für diesen Abend verflogen, und ich widmete mich für den Rest des Trainings und während der kommenden zwei Tage dem Rätsel um ihre Worte. Falls sie wirklich das gesagt hatte, was ich verstanden hatte, was genau meinte sie dann damit? Ein Bier nach dem Training, wie wir es manchmal mit Monica getrunken hatten? Das gesamte Team? Oder vielleicht nur wir zwei, wie bei einem Date? Ach nein, das konnte und wollte ich mir nicht vorstellen. Wie aber würde ich es herausfinden? Ich konnte sie ja schlecht darauf ansprechen.

Ich verdrängte alle weiteren Fragen und schaute dem kommenden Training etwas freudiger entgegen als beim letzten Mal. Als ich bei den Sporthallen angekommen, wieder meine Vortrainingskippe rauchte, ertappte ich mich dabei, wie ich unruhig hin und her schaute und auf sie wartete. Doch weit und breit keine Spur von ihr. Fünf Minuten vor Beginn des Trainings beschloss ich, mich endlich umziehen zu gehen. Vielleicht war sie ja krank und hatte eine Vertretung geschickt? Meine Stimmung wurde ein wenig gedämpft, doch als ich die Halle betrat, war Carolina bereits mit Aufstellen der Hindernisse für unseren Parcours beschäftigt.

Als ich zu ihr lief, um ihr und den anderen beim Aufstellen der Geräte zu helfen, und sie mit einem knappen »Hallo« begrüßte, spürte ich dieses leichte Kribbeln, das sich an meinem Magen festbiss und sich über meinen gesamten Körper ausbreitete. Das verhieß nichts Gutes. Ich kannte dieses Gefühl noch von damals, als ich heimlich meine Turnlehrerin angehimmelt und mich Abend für Abend komplett liebeskrank in den Schlaf geweint hatte. Seither hatte ich mich für niemanden mehr so erwärmen können und war Liebesangelegenheiten so gut wie möglich aus dem Weg gegangen. In meinem Leben gab es andere Dinge, die mich erfüllten: Basketball, mein Nebenjob als Aushilfe in einem hippen Skaterladen und meine Clique, mit der ich mich regelmäßig zum Kiffen und sinnlosen Abhängen traf …

Carolina grüßte genauso knapp zurück, drehte sich aber nach ein paar Sekunden nochmals zu mir um und bat mich, mit ihr zusammen die große Matte aus dem Geräteraum zu holen. Ich sagte nichts, sondern folgte ihr in den Geräteraum, hievte die Matte hoch und wollte sie gerade rückwärts aus dem

Geräteraum tragen, als Carolina abrupt stehen blieb und mich dadurch am Weiterlaufen hinderte. Ich schaute sie fragend an, doch Carolina blieb stumm und blickte mich durchdringend an. Verlegen drehte ich meinen Kopf weg und zog die Matte demonstrativ ein wenig hoch, um ihr damit zu verstehen zu geben, dass ich weiterlaufen wollte.

Sekundenlang hatte sie mich angeschaut. Mein Herz machte einen Satz. Was hatte ihr eigenartiges Benehmen bloß zu bedeuten? Ich musste unbedingt herausfinden, ob sie einfach generell ein wenig gestört daherkam und sich bei den anderen Mädchen genauso verhielt oder ob es einzig und allein mir so ging.

Das Training verlief unspektakulär ruhig, und sehr zu meiner Enttäuschung kam ich bei meinen Recherchen kaum weiter. Zwar bemerkte ich, dass sich Carolina bei den anderen keine solchen Aussetzer leistete, aber auch mich behandelte sie nach dieser Episode im Geräteraum völlig normal, als wäre nichts vorgefallen. Vielleicht war auch nichts vorgefallen, und ihr intensiver Blick hatte nicht das Geringste zu bedeuten. Auch während der kommenden Trainingseinheiten gab es keine weiteren Zwischenfälle in der Richtung. Zwar redeten wir mittlerweile ein wenig mehr miteinander, aber eine Spur der Enttäuschung über ihr nunmehr normales Verhalten blieb bei mir haften. Ich verbrachte einige Nächte damit, die beiden Vorfälle immer wieder vor meinem geistigen Auge ablaufen zu lassen. Zwei Ereignisse. Eine Zahl, die im Verhältnis zu all den Trainingsstunden, die ich mittlerweile bei ihr absolviert hatte, mickrig erschien. Doch sie hatten mich aufgerüttelt. Was konnte ich tun?

Es war unser letztes Training vor dem letzten offiziellen Turnier der Saison. Ich war völlig am Ende, da ich am Abend zuvor auf das bestandene Abitur eines Freundes angestoßen hatte. Mehr als einmal, versteht sich. Die körperliche Mattigkeit wirkte sich auch auf meine Laune aus, und so war ich ziemlich schlecht drauf, als ich wortkarg und mit etwas Verspätung die Halle betrat. Carolina begrüßte mich, beachtete mich aber nicht weiter und ließ sehr zu meinem Erstaunen auch keinen Kommentar über meine Verspätung fallen.

Es folgten zwei Stunden pure Folter. Meine Beine waren schwer wie Blei, meine Wahrnehmung um etwa fünf Zentimeter von der Realität verschoben, sodass die Bälle an mir vorbeischossen, statt von mir gefangen zu werden. Die Luft war mir schon zehn Minuten nach Beginn des Spiels ausgegangen. Ich ließ mich auf die Ersatzbank rauswinken und erschöpft zu Boden fallen. Carolina stand am Rand und musterte mich von der Seite, sagte aber nichts. Eigentlich war es mir immer wichtig, mein Bestes zu geben, und die letzten Male sogar besonders, da ich vor Carolina brillieren wollte. An diesem Abend jedoch wollte mir nichts gelingen, und in dem Zustand, in dem ich mich befand, war es mir auch absolut schnuppe.

Endlich pfiff Carolina um fünf vor zehn das Spiel ab. Ich sah die Geräte von unserem Aufwärmparcours in der anderen Hallenhälfte und hoffte, durch einen schnellen Abgang zu verhindern, dass ich beim Wegräumen mit anpacken musste. Natürlich funktionierte das nicht, und Carolina rief, als ich die Türklinke bereits in der Hand fühlte, wir sollten doch bitte alle – mit unmissverständlicher Betonung auf dem Wort *alle* – beim Aufräumen mithelfen. Faul griff ich mir die kleinsten Gegenstände und begab mich betont langsam in Richtung Abstellkammer, damit ich den Weg auf gar keinen Fall ein zweites Mal laufen musste. Ich ließ mir zudem ziemlich viel Zeit beim Verstauen von zwei Plastik-Hula-Hoop-Reifen, und als ich mich umdrehte, um den Geräteraum wieder zu verlassen, stand Carolina vor mir.

Ich hatte sie nicht kommen hören und wusste auch nicht, wie lange sie wohl schon dort gestanden hatte. Erschrocken wich ich ein paar Schritte zurück und knallte mit dem Rücken gegen den Hula-Hoop-Schrank. Carolina lachte und entschuldigte sich. Sie habe mir keinen Schrecken einjagen wollen. Ich stammelte ein »Schon okay« und schaute wortlos zuerst auf den Boden, dann zur Seite und dann ganz kurz zu Carolina, die mittlerweile einen Schritt näher gekommen war. Ich wurde nervös. Meine Hände griffen flattrig in die Luft und suchten nach etwas Greifbarem, um sich festzuhalten. Obwohl mich Tausende von Gedanken durchschossen, gelang es mir nicht, einen einzigen klar zu denken. Es war eine körperliche und geistige Karussellfahrt, deren Tempo immer schneller wurde.

Plötzlich stand Carolina ganz nah bei mir und legte ihre Hand um meine Schulter. Besorgt sah sie mich an und wollte wissen, ob ich mich nicht gut fühlte. Ihre Berührung ließ meinen Körper kribbeln. Krampfhaft versuchte ich, meine Fassung wiederzuerlangen, atmete tief durch und antwortete, dass es mir gut ginge und ich nur ein wenig müde sei von der durchzechten Nacht. Carolina schenkte mir ein Lächeln und meinte, das ginge schon okay und sie sei froh, dass es nur das sei. Das Bier, welches ich ihr schuldete, würde sie aber trotzdem gerne einfordern. Wenn nicht heute – sie könne es verstehen, wenn ich zu müde sei –, dann bestimmt ein andermal. Ich hatte also tatsächlich richtig gehört! Auf einen Schlag war ich hellwach. Etwas zu begeistert von ihrem Vorschlag versicherte ihr, dass es mir schon wieder viel besser ginge und man schließlich immer so weitermachen solle, wie man aufgehört hat – sprich mit einem Bierchen.

Ich schwebte in die Umkleidekabine und unter die Dusche, wo sich die neugierigen Blicke und Sticheleien meiner Teamkolleginnen wie ein erdrückender Wasserschwall über mich ergossen. Ich tat so, als sei ich schwer von Begriff, und brummte, vermeintlich schlecht gelaunt, Carolina habe sich nur nach meinem Wohlbefinden erkundigt, da ich ja heute nicht wirklich in Bestform aufgelaufen sei. Die Erklärung provozierte noch ein paar Anzüglichkeiten, die bald darauf verstummten. Sie schienen meine Ausrede geschluckt zu haben. Obwohl ich glücklich war, ein paar wirklich gute Freundinnen in der Mannschaft zu haben, waren Liebesangelegenheiten etwas, worüber ich generell nicht gerne sprach. Außerdem war es ja offiziell noch keine Liebesangelegenheit. Vielleicht wollte Carolina ja auch nur herausfinden, wieso ich mich ihr gegenüber so kühl und distanziert verhielt, und mit mir bei einem gemütlichen Bier das Kriegsbeil begraben und so indirekt den Team-Zusammenhalt fördern.

Ich ließ mir viel Zeit mit dem Duschen, weil ich sichergehen wollte, dass alle anderen den Umkleideraum und die Sportanlage bereits verlassen hatten, wenn ich mich mit Carolina draußen traf. Carolina selbst schien das irgendwie egal zu sein – noch ein Punkt, der eher dafür sprach, dass sie im Gegensatz zu mir keine zweideutigen Gedanken hatte. Als ich aus dem Gebäude trat, wartete sie bereits bei ihrem Fahrrad auf mich. Da ich zu Fuß unterwegs war, bot sie mir spontan den Gepäckträger an. Das ließ ich mir nicht zweimal sagen. Doch die Stangen des Gepäckträgers rieben sich bei jeder noch so kleinen Straßenunebenheit schmerzhaft an meinen Gesäßknochen. Ich biss die Zähne zusammen und versuchte, mich auf die atemberaubende Aussicht zu konzentrieren: Carolinas Hintern und Rücken, die sich beim Treten rhythmisch hin und her bewegten. Ich gab vor, mich am Sattel nicht richtig festhalten zu können, und rutschte, nachdem ich brav ihre Erlaubnis erfragt hatte, mit meinen Händen hoch zu ihrer Hüfte und klammerte mich fest. Es fühlte sich so gut an. Sie fühlte sich so gut an. Ich spürte den unbändigen Drang in mir aufkommen, meine Hände über ihren Körper wandern zu lassen, aber dann bremste Carolina mitten auf dem Weg überraschend und gab mir ein Zeichen, ich solle vom Fahrrad steigen.

Ich konnte weit und breit keine Kneipe erkennen, lediglich die leere Quartierstraße, die vom Licht der Straßenlaterne erleuchtet in der Dunkelheit lag. Verwundert stieg ich ab. Nicht ein einziges Geräusch durchschnitt die Stille. Ich wollte mich gerade bei Carolina nach dem Grund unserer kleinen Pause erkundigen, als sie sich zu mir beugte, ihre Arme um mich schlang und mich küsste. Ich wusste nicht, wie mir geschah, doch all die angestaute Lust der vergangenen Monate brach aus mir aus und entlud sich in einem stürmischen Anfall der Liebestollheit. Carolina – die Ärmste – dachte wohl, sie hätte mit mir einen unerfahrenen, zurückhaltenden Fang gemacht. Mit dem Ersten hatte sie zwar recht, aber zurückhaltend war ich ganz bestimmt nicht.

Ich ließ meiner Begierde freien Lauf und drückte Carolina zu Boden, riss ihre Jacke auf und begann wie wild, zuerst ihren Hals, ihr wunderschönes Dekolleté, dann ihre Brüste zu küssen. Wenig zärtlich knabberte ich an ihren Nippeln, und je fester ich das tat, desto lauter wurde Carolina. Wild fuhr sie mir mit ihren Händen durchs Haar, drückte meinen Kopf stärker gegen ihre Brust. Ihre Beine umschlangen gierig meine Hüfte und drückten meinen Unterleib fester an ihren. Instinktiv suchten meine Hände den Weg in ihre Jeans, und nachdem ich mir beim ersten Versuch fast das Handgelenk brach, kam mir Carolina zu Hilfe, knöpfte ihre Jeans auf und zeigte mir genau, was und wie sie es wollte.

In dem Moment, als ich mit meinen Fingern in ihre feuchte Scheide stieß, hörte ich aus der Ferne Schritte, die sich uns näherten. Ich ließ mich nicht stören, ignorierte die Geräusche und konzentrierte mich auf Carolina, die vor Erregung die halbe Nachbarschaft zusammenschrie. In ihr zu sein fühlte sich fantastischer an, als ich es mir je hätte vorstellen können. Nichts auf dieser Welt konnte mich davon abhalten ... fast nichts.

Nur das greise Ehepaar, das sich uns genähert hatte. Als der Mann seine Sprache wiedergefunden hatte, drohte er lauthals mit der Polizei und setzte so unseren amourösen Aktivitäten unter freiem Himmel ein jähes Ende. Ein wenig verängstigt erhoben wir uns vom harten Asphalt und liefen zum Fahrrad zurück, ohne uns umzudrehen.

Carolina trat in die Pedale, als würden wir vom Teufel höchstpersönlich verfolgt. Je weiter wir uns entfernten, desto lauter und gelöster wurde unser Lachen, bis Carolina schließlich wieder hielt. Doch diesmal würde es bequemer werden, denn vor uns lag ihre Wohnung mit einem wunderbar weichen Bett.

Wir machten genau da weiter, wo wir aufgehört hatten. Ich war im siebten Himmel, die ganze Nacht, den ganzen darauffolgenden Tag. Ich wollte nur noch eins: endlos mit ihr verschmelzen. Für immer in ihr sein.

Weg in ein neues Glück

Yolanda, 42

Mein Leben hat damals, vor fünf Jahren, eine extreme Wende genommen, und heute kann ich das Ereignis und das darauffolgende Chaos etwas besser entflechten und für mich akzeptieren. Ich war zwölf Jahre lang glücklich verheiratet. Mein Mann und ich haben einen wunderbaren Sohn – Noah. Noah ist es, der mir jeden Tag das wunderbare Gefühl gibt, dass es sich lohnt, am Leben zu sein. Er erlaubt es mir, die Welt mit anderen Augen zu sehen. Vielleicht mit kindlicheren, unbeschwerten Augen. Durch Noah habe ich gelernt, wieder mehr auf meine Bedürfnisse zu achten, für meine Sehnsüchte einzustehen und sie zu respektieren, mögen sie noch so absurd erscheinen. Manchmal einfach aus dem Trott auszubrechen, den man jahrelang stillschweigend mitgelaufen ist. Was anderes erleben, anders sehen, anders fühlen, anders leben.

Zwölf lange Jahre lebte ich mit einem wunderbaren, verständnisvollen Ehemann an meiner Seite. Wir haben den halben Globus bereist, haben vieles gemeinsam unternommen und waren ein tolles, unzertrennliches Team. Er war nicht nur mein Ehemann, sondern mein Seelenverwandter und bester Freund. Das Glück schien perfekt, als ich schwanger wurde und unser kleiner Sonnenschein das Licht der Welt erblickte. Noah hat mein Leben von Grund auf verändert, meinem Dasein eine neue Bedeutung gegeben. Wie wohl viele Frauen war ich während und nach der Schwangerschaft praktisch nur noch mit meinem Kind und den Fragen nach den optimalen Windeln, dem unschädlichsten Schnuller und der perfekten Ernährung beschäftigt. Aber nicht nur. Denn neben all den neuen Herausforderungen und Pflichten gab es auch viele Fragen und Unsicherheiten. Was würde aus meinem Dasein als begehrenswerte Frau werden? Würde ich für immer und ewig Vollzeit-Mama sein und nun mitansehen müssen, wie die Blicke meines Mannes nicht mehr mir, sondern den straffen, makellosen Körpern der jüngeren Frauen galten? Würde unser Sexleben völlig einschlafen, beeinträchtigt durch den Mangel an intimen Momenten?

Noah hielt mich jedoch so sehr auf Trab, dass es für meine Ängste und Zweifel bald schon keinen Platz mehr gab. Sie ertranken im Meer der täglich zu bewältigenden Aufgaben. Roger – mein Mann – und ich waren als Eltern ein gutes Team. Er war die eher nachgiebige und gelassene Partei und unterstützte mich, wo er nur konnte, ich war Hausfrau und Mutter mit Leib und Seele. Am Anfang ergänzten wir uns problemlos. Wir nahmen uns so oft Auszeit von der Elternrolle, wie es die Umstände zuließen. Mal passten meine Eltern auf Noah auf, mal waren es Rogers. Wir hatten uns schon vor der Geburt unseres Kindes geschworen, uns so oft wie möglich Zeit füreinander zu nehmen und nicht in die Routine zu verfallen, die so viele andere Familien beklagten: nach Hause kommen, essen und erschöpft vor dem Fernseher in den Sessel fallen.

Es gelang uns auch ganz gut, und fast mühelos schafften wir den Übergang von kinderlos zur Kleinfamilie. Bis nach und nach auch uns die Leichtigkeit abhanden kam. Fast unmerklich schlich sich die Gewohnheit in unser Leben. Roger kam abends erschöpft von der Arbeit nach Hause, sah noch kurz nach unserem Wonneproppen und fiel dann ausgezehrt wie ich selbst ins Bett, um nach ein paar Stunden des komatösen Schlafes den nächsten Tag wieder in Angriff zu nehmen. An Romantik und Sex war nicht mehr zu denken. Unsere Kraft reichte gerade mal für die Aufgaben des Alltags.

Die Zeit verging und nach ungefähr zehn Jahren wagte ich das erste Mal seit Langem einen bewusst kritischen Blick in den Spiegel: Die Augenlider hingen schlaff, das Funkeln der Lebensfreude war weg, die Mundwinkel folgten der Erdanziehung, und das Haar hatte weder Schnitt noch Form. Ich war alt geworden. Und wo war die Liebe meines Mannes geblieben? Wo war meine Liebe geblieben? Wohin waren unser Teamgeist, unsere Seelenverwandtschaft? Waren wir wirklich nur noch Mutter und Vater? War das wirklich der einzige Sinn meines Lebens – Mutter sein und ein Kind großziehen?

Schwermütig und nachdenklich ließ ich mich in den Sessel fallen. Das sollte es also für mich gewesen sein? Aber ich wollte doch leben. Ich wollte wieder Frau sein. Ausgehen. Neues entdecken. Ich wollte meinen Mann neu erleben. Mich wieder in ihn verlieben. Mit ihm Dinge unternehmen – wie damals. Ich wollte all das wiederhaben. Das pure und nackte Leben.

Eines Abends hatte ich mir fest vorgenommen, mit meinem Mann über meine Bedürfnisse zu reden. Ihn darauf anzusprechen, wie er es denn sah mit uns beiden. Ich war mir sicher, dass er sich der Problematik bewusst war und sich bestimmt auch schon seine Gedanken dazu gemacht hatte. Vielleicht würde das Gespräch uns beide ein wenig aufrütteln, denn alleine etwas zu bewegen war zu schwierig, es benötigte beide Parteien dafür.

Ich ließ mir ein Bad ein, zog das volle Beauty-Programm durch, kochte uns was Leckeres, holte uns beim Delikatessenladen gegenüber eine edle Flasche Wein und war fest entschlossen, dem Abend den lang vermissten Hauch Sex wieder-zugeben. Noah übernachtete bei seinen Schulkameraden und so hatten wir sturmfreie Bude.

Doch Roger kam und kam nicht. Erst Stunden später hörte ich die Eingangstür ins Schloss fallen. Er war wohl noch mit seinen Jungs unterwegs gewesen. Ich war enttäuscht, doch ich wusste, dass ich Roger keinen Vorwurf machen konnte. Schließlich hatte er ja nichts von meinen Absichten und meinem speziellen Abendprogramm wissen können. Als er neben mir im Bett lag, war mir die Lust auf tiefgründige Gespräche vergangen, aber ich fasste den Entschluss, am nächsten Abend allein um die Häuser zu ziehen. Also, nicht ganz allein. Ich würde Barbara anrufen, meine beste Freundin, die ich seit Jahren kannte und die ich in der letzten Zeit leider sehr vernachlässigt hatte.

Barbara war begeistert von meinem Vorschlag, auf unsere »alten Tage« mal wieder ein wenig die Stadt unsicher zu machen. Ich war aufgeregt, fast wie ein kleines Kind, und Roger wohnte sichtlich amüsiert meinem »Aufbrezel-Versuch« bei. Er fand es toll, dass ich mich dazu durchgerungen hatte, wieder ein wenig aktiver zu leben. Schließlich bot das auch ihm ein bisschen mehr Freiraum.

Barbara und ich genossen den Abend in vollen Zügen und waren einfach nur rundum glücklich, wieder einmal Zeit füreinander zu haben. Qualitative Zeit. Reden. Uns wieder näherkommen. Die letzten Monate, Jahre Revue passieren lassen. Nach dem vorzüglichen Essen beschlossen wir, noch auf einen Drink in einer nahe gelegenen Bar Halt zu machen. Ich kannte die Bar nicht, und auch Barbara meinte, sie sei noch nie drin gewesen. Neugierig betraten wir den Raum und stellten ziemlich schnell fest, dass es sich um eine Schwulen-Bar handelte. Ich war noch nie zuvor in einer Schwulen-Bar gewesen, und so trat ich schaulustig zum Tresen – angezogen von der heiteren Stimmung, die dort herrschte. Barbara guckte mich erstaunt an und fragte, ob es mir denn gar nichts ausmachen würde, dass es sich um eine Homo-Bar handelte. Ich erwiderte lachend, dass ich unbedingt ein neues Kapitel in meinem Leben beginnen wollte, und dass dazu eben auch neue Erfahrungen gehörten.

Dass die Männer sich hemmungslos vor unseren Augen küssten, war zwar ein wenig ungewohnt, aber ich fühlte mich wohl und trank ein Glas nach dem anderen. Mir wurde bewusst, wie viel ich in den letzten zehn Jahren verpasst hatte. Wie wenig ich gelebt hatte. Doch ich wusste und spürte, dass es sich jetzt ändern würde. Und die Veränderung hatte schon begonnen, immerhin saß ich hier mit meinen fast vierzig Jahren in einer Schwulen-Bar und kicherte wie ein unreifer Teenager.

Aber in der Bar gab es nicht nur Männer, sondern vereinzelt auch ein paar Frauen, die ausgelassen mit den schwulen Männern tanzten oder in der Ecke standen und mit eher dunklen Mienen das Treiben beobachteten. Als Barbara von einer dieser Frauen auf einen Drink eingeladen wurde, machte mich das Ganze etwas stutzig und gleichzeitig neugierig. Ganz zu meinem Erstaunen nahm Barbara die Einladung dankend an, und so saß ich nun ganz alleine auf meinem Barhocker, betrachtete die Leute ein wenig genauer, genoss die Atmosphäre und ausgelassene Stimmung und fühlte mich einfach nur gut dabei. Dann beschloss ich, mich auf die Tanzfläche zu begeben. Wollte einfach Frau sein, mit Haut und Haar, mit jeder Faser meines Körpers. Und genießen. Einfach nur genießen.

Irgendwann erblickte ich Barbara wieder, die lachend mit dieser Frau in einer Ecke saß. Irgendwie schienen sie sich nähergekommen zu sein. Sogar aus der Entfernung bemerkte ich die Vertrautheit zwischen ihnen. Man konnte es fast schon

Flirten nennen. Es reizte mich, ihnen zuzusehen, und ich fühlte mich fast ein bisschen schweinisch dabei, meine beste Freundin zu beobachten, wie sie mit einer Frau turtelte. Einem Exemplar desselben Geschlechts. Ich freute mich für sie, aber plötzlich fragte ich mich, ob ich wirklich so viel über sie wusste, wie ich dachte. Mir fiel auf, dass wir bei unseren letzten Treffen nur über mich und meine Probleme gesprochen hatten, nicht aber über sie und ihre Beziehung. Barbara war geschieden und Single – soweit ich wusste. Ich hatte nie nachgehakt und mich nach Neuigkeiten, Sorgen, Problemen, Themen in ihrem Leben erkundigt. Wie hatte unsere Freundschaft bloß all die Jahre überleben können, wo ich anscheinend gar nichts über sie wusste? Noch eine Baustelle, die es zu bearbeiten galt!

Der Abend neigte sich für mich langsam dem Ende zu, und ich verabschiedete mich von Barbara, indem ich ihr aus der Entfernung zuwinkte und eine Kusshand zuwarf. Etwas von Sinnen – nicht nur wegen des ungewohnten Alkoholkonsums – torkelte ich auf ziemlich indirektem Weg nach Hause. Roger lag schnarchend vor dem Fernseher. Ich blieb beim Lichtschalter stehen und betrachtete meinen Mann, wie er so dalag, in seinen ausgedienten Pyjamahosen. Das Bild führte mir nochmals eindrücklich vor Augen, wie wenig Spannung es in unserem gemeinsamen Leben gab. Ich beschloss, Roger nicht aufzuwecken, und ging stattdessen alleine die Treppen hoch in unser Schlafzimmer. Ich brauchte ein wenig Raum und Zeit für mich, um den Abend nochmals gedanklich aufleben zu lassen. Es kribbelte in meiner Bauchgegend. Ich sah Barbara vor mir, wie sie mit der anderen Frau flirtete. Wie sie sich hin und wieder zärtlich, fast unmerklich berührten. Ich hatte ein kleines Geheimnis für mich entdeckt.

Am nächsten Tag rief mich Barbara an. Sie wirkte etwas verstört und bat mich um ein Treffen. Wir verabredeten uns auf einen Kaffee. Ich war ziemlich nervös, und die neue Seite an ihr machte mich neugierig. Ich wollte mehr wissen, mehr von diesem Leben, mehr von ihr. Ich sah sie schon von weitem durch die große Fensterfront an einem Tisch in unserem Stammcafé sitzen. Sie wirkte sichtlich unruhig und spielte unablässig mit ihrem Handy. Ich setzte mich zu ihr und bemerkte, dass meine Hände ganz feucht waren und meine Kehle sich zuschnürte, als ich sie begrüßte. Als ob ich einen Vortrag vor Publikum halten müsste. Ich horchte in mich hinein und fühlte eine angenehme Art der Anspannung, ja fast ein leicht verliebtes Kribbeln, das ich nicht so richtig zu deuten wusste.

Barbara begrüßte mich sehr warmherzig, und ich erwiderte ihre Umarmung und die Küsschen dankbar. Ich bemerkte aber auch, wie ich ihre Berührungen anders wahrnahm. Sie schienen neu gefärbt, wie von einer andersartigen Qualität als sonst. Wir tranken einen Kaffee, und Barbara entspannte sich sichtlich. Sie hatte mir den Grund des Treffens noch nicht näher genannt, aber ich ließ ihr die Zeit, die sie dazu brauchte. Es fielen nicht viele Worte, und ich genoss das Schweigen und die Stille. In meiner Magengegend kribbelte es noch immer. Nachdenklich musterte ich Barbara. Ich konnte mir nicht recht erklären, woher diese Gefühle kamen. Konnte es wirklich sein, dass meine beste Freundin solche Gefühle in mir auslöste? Ich war verheiratet, und Frauen hatten mich eigentlich nie richtig interessiert. Das Gefühlschaos verwirrte mich, aber nicht negativ. Ich fand es beflügelnd und stimulierend.

Während ich darüber nachdachte, unterbrach Barbara die Stille, indem sie auf den gestrigen Abend zu sprechen kam. Mit ihrer direkten Art der Erzählung nahm sie mir auch bald die Scheu, genauer nachzufragen und meine Neugierde nach Details zu stillen. Barbara redete und redete, und ich merkte zum ersten Mal, dass sie »anders« war als alle anderen Menschen, die sich sonst in meinem Umfeld tummelten. Barbara war spannend, witzig und unglaublich charmant – was mir früher völlig entgangen war. Ich liebte ihre Art des Erzählens – und nicht nur, wenn es um den gestrigen Abend ging. Neugierig lauschte ich ihren Worten, gespannt darauf, mehr von ihr zu erfahren. Barbara hatte meine vollste Aufmerksamkeit und … Zuneigung!

Leider musste ich bald nach Hause, weil Noahs Ferienlager bevorstand und es noch Unmengen zu organisieren gab. Ich wollte nicht gehen, wollte noch stundenlang in ihrer Nähe sein und ihr lauschen. Ich wusste aber auch, dass ich mich mit meinen Gedanken und Gefühlen erst mal zurückziehen musste, um mich an die neue Situation zu gewöhnen. Wir verabschiedeten uns mit einer innigen Umarmung, und ich schwebte wie von einem Marihuana-Flash beflügelt über die Straßen.

Einige Tage vergingen ohne Nachricht von Barbara. Nichtsdestoweniger war ich gedanklich ständig bei ihr. Bei diesem Abend in der Schwulen-Bar. Bei unserem Nachmittag mit Kaffee und Kuchen. Barbara war plötzlich omnipräsent in meiner Gefühls- und Gedankenwelt. Die Kluft zwischen Roger und mir hingegen wurde immer größer. Die langen Gespräche, die wir früher abends oft gehabt hatten und die uns über all die Jahre zusammengeschweißt hatten, waren eingefroren. Genau wie der Sex. Die Unternehmungslust. Roger war ein Freund geworden. Ein platonischer Freund, und ich konnte und wollte mich in diesem Moment gar nicht mehr gegen diese Entwicklung wehren. Ich ließ es einfach geschehen und treiben.

Zwei Wochen später rief ich Barbara an und verabredete mich mit ihr. Ich hatte mir fest vorgenommen, ihr von meinem Gefühlschaos zu erzählen, ihr zu sagen, was in mir abging, und gleichzeitig zu erfahren, was sie darüber dachte. Nach fast dreiwöchiger zermürbender Grübelei war ich völlig durch den Wind. Wir trafen uns zum gemütlichen Abendessen, und als sie das Restaurant betrat, war ich hin und weg von ihrem Anblick. Berauscht und aufgeregt. Barbara schien mir meine Verwirrung anzumerken und erkundigte sich, ob es mir nicht gut ginge und ich vielleicht lieber nach Hause gehen wolle. Ohne wirklich nachzudenken, erwiderte ich, dass ich wirklich gerne nach Hause gehen würde. Barbara erhob sich sofort von ihrem Stuhl, legte besorgt den Arm um mich und führte mich wortlos nach draußen an die frische Luft. Sie setzte mich auf eine Straßenbank und ermahnte mich zu warten, während sie ihr Auto holen würde. Auf der Fahrt zu ihrer Wohnung sprachen wir praktisch kein Wort. Ich glaube – nein, heute weiß ich –, dass Barbara genau wusste, was los war. Hin und wieder betrachtete ich sie etwas benommen von der Seite. Was sie wohl dachte?

In ihrer Wohnung angekommen, setzte Barbara fürsorglich einen Tee auf, bevor sie sich zu mir gesellte, ein paar Zentimeter vor mir stehen blieb und mich lange musterte. Mir war die Situation so unendlich peinlich, dass mir der Mut fehlte, ihren Blick zu erwidern. Stattdessen klebten meine Augen am Parkett. Um mich abzulenken und aus der Verlegenheit auszuklinken, zählte ich die verschiedenen Parkettrillen, als mich Barbara plötzlich umarmte. Ich fiel regelrecht in ihre Arme und blieb regungslos in ihrer Umarmung stehen.

Es war Barbara, die sich langsam von mir löste, ihre Hände an mein Gesicht legte und mich zärtlich küsste. Ich war überrascht, verstört und vollkommen verdattert. Ich stieß sie weg und schaute sie mit fragenden Augen an. Im gleichen Atemzug aber wollte ich mehr. Mehr von diesen Küssen und Berührungen. Ich wollte mehr. So sehr – und doch konnte ich nicht. Jedenfalls nicht ohne ihre Hilfe. Barbara nahm meine Zerrissenheit und mein Hadern wahr, aber auch mein Verlangen und küsste mich erneut. Diesmal stieß ich sie nicht weg. Im Gegenteil. Ich zog sie näher an mich ran. Sie schien mir so vertraut und doch so fremd. Ich hatte einen Mann, einen Sohn, und da stand ich vor meiner besten Freundin, und wir küssten uns. Und was noch viel schlimmer war: Es fühlte sich so unendlich gut an!

Ich bat um eine Pause und ließ mich aufs Sofa fallen. Fragend schaute ich zu Barbara hoch, die mir ein Lächeln schenkte, bevor sie in die Küche lief und mit zwei Tassen Tee zurückkam. Sie setzte sich ganz nah zu mir aufs Sofa und strich mir mit ihren Fingern durchs Haar. Ich wollte wissen, wieso sie mir nie von ihrer Neigung erzählt habe. Barbara zuckte mit den Schultern und meinte, es sei etwas, das sie selbst erst vor nicht allzu langer Zeit für sich entdeckt hätte. Außerdem sei es nicht wichtig gewesen, da sie sich bisher nicht wirklich in eine Frau verliebt habe – also schon, aber das sei alles ein wenig kompliziert. Wieder schaute ich sie fragend an und erhoffte mir eine Erläuterung. Doch Barbara schwieg und nahm einen Schluck Tee. Ich legte meine Hand auf ihr linkes Bein und streichelte es zärtlich. Dann nahm ich allen Mut zusammen und redete mir all das, was mich die letzten Wochen beschäftigt hatte, von der Seele. Barbara hörte mir wortlos zu, drückte die ganze Zeit über meine Hand, die noch immer auf ihrem Knie ruhte. Ich erzählte ihr, dass ich das erste Mal in meinem Leben Gefühle für eine Frau hegte. Nicht bloß eine Frau. Nein, für sie. Und dass ich seit dem Zwischenfall in der Schwulen-Bar nicht aufhören könne, an sie zu denken, sie mit anderen Augen – ja, verliebten Augen – zu sehen. Gleichzeitig sei ich so verwirrt und fürchtete die Konsequenzen. Schließlich war ich verheiratet. Aber mindestens genau so schlimm, wenn nicht viel beunruhigender, war der Umstand, dass ich unsere wertvolle Freundschaft aufs Spiel setzte. Und das war das Letzte, was ich wollte.

Barbara sagte nichts, sondern berührte nur mein Gesicht mit ihren weichen Händen. Sie liebkoste behutsam meine Stirn, meine Wangen, meine Nase, meine Augen und meine Lippen. Wir küssten uns. Ein nicht enden wollender Kuss, der meinen Zweifeln ein Ende setzte. Ihre Hände glitten runter zu meinem Rücken, meinem Po, wieder rauf zu meinem Gesicht. Wir ließen uns Zeit. Viel Zeit. Zeit, die ich brauchte. Ich schwebte irgendwo zwischen Schuldgefühl und Verlangen, doch die Zeit, die mir Barbara gab, nahm mir alle Bedenken. Sie führte mich in ihr Schlafzimmer, wo sie bedächtig meine Bluse aufknöpfte. Sie streichelte minutenlang meine Brüste, meinen Bauch und meine Arme. Dabei schaute sie mich die ganze Zeit an. Lächelnd. Ich fühlte mich das erste Mal seit Jahren wieder begehrt und geliebt. Ich fühlte mich schön. Barbara gab mir das Gefühl, die vollendetste Person der Welt zu sein. Ich war bereit, mich ihr vollständig hinzugeben. Ich sog alle ihre Berührungen auf, mir wurde fast schwindelig. Barbara liebkoste jeden Zentimeter meines Körpers, und ich begann, ihren zu erforschen. Zurückhaltend und doch genießerisch, bis wir beide frühmorgens einschliefen.

Es war eine wunderschöne Nacht, die viel zu schnell vorbei war. Am nächsten Morgen erwachte ich vor ihr. Ich lag eng-umschlungen in ihren Armen und spürte ihren Atem in meinem Nacken. Ich drehte mich um und beobachtete sie im Schlaf. Sie berührte mich. Ganz tief in meinem Herzen. Ich befreite mich aus ihrer Umarmung, küsste sie sanft, ohne sie zu wecken, und schlich mich aus dem Zimmer. Ich war mir nicht sicher, ob ich sie wecken oder einfach wortlos gehen sollte. Trotz des wundervollen Gefühls und der fantastischen Erinnerungen an die letzte Nacht hatten mich die Bedenken und Zweifel wieder eingeholt. Ich verließ ihre Wohnung und machte mich auf den Heimweg, doch als ich unser Haus erblickte, durchzuckte es mich wie ein Stromschlag, und mit einem Mal wurde mir klar, was ich wollte.

Ich hatte mich das erste Mal seit Jahren so richtig wohl gefühlt, und jetzt ließ ich ohne ein Wort dieses wunderschöne Gefühl zurück. Ich lief zurück zu Barbara und klingelte an ihrer Tür. Verschlafen öffnete sie kurze Zeit später und sah mich erstaunt, aber voller Freude an. Ich schüttelte nur den Kopf und meinte, dass ich ein Dummerchen sei und nichts lieber wolle, als bei ihr zu bleiben. Sie umarmte mich und zog mich durchs Wohnzimmer wieder zurück in das noch warme Bett. Wir sprachen darüber, was geschehen war, über ihre Gefühle, über meine Gefühle, auch die für Roger. Darüber, wieso ich mich weggeschlichen hatte, und schließlich, wie das Ganze mit uns weitergehen sollte. Immer wieder nahm sie mich in den Arm und küsste mich, und ich fühlte, dass genau das meine Zukunft sein würde. In Barbaras Armen. Obwohl es ein riesiger Schritt ins Ungewisse bedeutete, war ich mir so sicher wie nie.

Mein erstes Mal mit einer Frau hat mein ganzes Leben verändert. Es war ein Schritt in eine neue Zukunft. In eine ganz andere Welt. Ich lebe heute mit Barbara zusammen, getrennt von meinem Mann. Noah hat kein Problem damit, dass ich in einer lesbischen Beziehung lebe, und Roger und ich sind immer noch gute Freunde. Für ihn war die Trennung zwar schwieriger als für mich, aber er hat es akzeptiert und freut sich für mich. Ich liebe ihn immer noch, aber auf eine andere Art und Weise. Ich weiß nicht, ob ich mich jetzt als Lesbe bezeichnen soll, weil sich meine Gefühle und mein Verlangen auf Barbara als Person konzentrieren. Vielleicht hätte eine andere Frau nie solche Emotionen in mir auslösen können. Es spielt auch keine Rolle, denn alles, was ich weiß, ist, dass ich unendlich glücklich bin und den Schritt nie bereut habe.

Lady Vampire

Diana, 38

Natürlich erinnere ich mich an mein erstes Mal mit einer Frau. Die Aktion war alles andere als geplant, denn eigentlich hatte ich für den Abend ein ganz anderes sexuelles Abenteuer vorgesehen – definitiv nicht mit einer Frau.

Schon vor der Pubertät – ich war um die sieben Jahre alt – gab es Vorkommnisse, die ich im Nachhinein als klare Vorboten meiner bizarren sexuellen Vorlieben deute. Damals gelang es mir nur nicht, meine Fantasien und Neigungen richtig einzuordnen. Sie waren mir nicht unangenehm, im Gegenteil: Auf spielerische Art und Weise schienen sie normal zu sein, ein Teil von mir. Ich dachte nicht darüber nach, ob ich das durfte. Ob es sogar gefählich war. Wie sollte ich auch, so jung, wie ich war? Die bewusste Auseinandersetzung mit dem Thema Sexualität war noch Lichtjahre entfernt, und so genoss ich naiv und bedenkenlos meine eigene Welt voller erotischer Fantasien.

Da meine Mutter ganztägig arbeitete, war ich meist allein zu Haus. Ich erinnere mich noch genau, wie ich diese einsamen Nachmittage und Abende mit den bizarren Bildern meiner Einbildung füllte. Mein allererstes Szenarium war es, mir vorzustellen, wie ich nackt und mit gespreizten Beinen beim Frauenarzt auf dem Gynäkologenstuhl lag und seinem Tun hilflos ausgeliefert war. Natürlich hatte ich bis dahin noch nie einen Frauenarzt aufgesucht, aber die Bilder, die man im

Fernsehen von dieser speziellen Liege zu sehen bekam, ließen jedes Mal meinen Puls schneller gehen. Ich konnte später all die Mädchen nicht verstehen, die in der *Bravo* das Dr.-Sommer-Team vollheulten, dass sie auf gar keinen Fall zum Frauenarzt gehen wollten. Mir gefiel die Idee, mit gespreizten Beinen auf diesem steril-kalten Bett festgekettet zu werden und keine Macht darüber zu haben, was Onkel Doc mit mir tat. Mir vorzustellen, wie er mich zuerst zärtlich, dann immer schonungsloser penetrierte und nötigte. Es erregte mich. Dieses Szenarium mit allen nur erdenklichen Utensilien so realitätsnah wie möglich nachzuspielen brachte mir eine seltsame Form der Befriedigung und schien mir das Normalste der Welt. Es war nichts weiter als ein Spiel, wie Kinder es in diesem Alter halt tun. Wie mit einer Horde von Playmobil-Piraten eine Seeschlacht nachspielen. So und nicht anders fühlten sich diese Szenarien für mich an. Ich war wohl das, was man frührreif nennt.

Im Verlauf der Jahre wurden die Frauenarztstühle in meiner Vorstellung durch alle Arten von Stahlbarren, Nagelbrettern, Peitschen, Hand- und Fußfesseln, Ketten und Stricken ersetzt. Die Szenarien spielten sich nunmehr vorwiegend in dunklen, von Kerzenlicht spärlich erhellten Räumen und Gemächern ab. Die Backsteinwände gräulich und leicht nass. Die Luft war feuchtwarm. Von irgendwoher das Klirren von Ketten, Schreie und Stöhnen. Meist sah ich mich auf einem Holzbrett liegen, an dessen Enden Eisenringe befestigt waren. Nur leicht bekleidet und mit verbundenen Augen. Plötzlich Schritte, die sich mir näherten. Unbekannte, die mich fesselten und dann bewegungslos auf dem Brett liegen ließen. Ich konnte nichts mehr hören, nichts sehen, nichts riechen, bis ich plötzlich ein kurzes Stechen und dann ein angenehmes, warmes Ziehen verspürte. Durch Bisse, Schnitte und Peitschenhiebe zugefügte sinnliche Schmerzen. Niemals so stark, dass ich hätte schreien müssen, aber immer fest genug, um mir ein befriedigendes Stöhnen zu entlocken. Meine Beine mit Lederharnessen an den Eisenringen befestigt. Dann die Penetration. Zuerst langsam und dann immer schneller und heftiger, bis ich erschöpft liegen blieb und sich die Unbekannten langsam entfernten.

Ich liebte es, in Gedanken meine devote Neigung auszuleben, war ich doch im wirklichen Leben dominant und offensiv. Doch auch Rollenspiele waren Gegenstand meiner Fantasien, wenn auch zu dieser Zeit noch seltener. Innerhalb dieser Kulissen war ich die Domina, verführte die Männer – meistens ältere. Ich genoss es, sexuelle Macht über sie zu haben. Zu spüren, wie sie mich begehrten, wie sie von mir kontrolliert werden wollten. Diese imaginären Bilder blieben auch, als ich meine Neigungen und Bedürfnisse voll und ganz auszuleben begann. Leider ließ diese Erfahrung aber noch einige Zeit auf sich warten.

Ich war mittlerweile 24 Jahre alt, hatte mein erstes Mal mit einem Jungen hinter mir, pflegte ein normales, fast schon biederes Sexleben und war sogar einigermaßen zufrieden damit. Aber eben nur einigermaßen. Ich stellte mich konform in Reih und Glied mit meinen Freundinnen, deren sexuelle Abenteuer ähnlich abliefen wie meine – allerdings schienen sie im Gegensatz zu mir dadurch wirklich befriedigt zu werden. Ich gab mich zufrieden mit dem, was ich hatte, und dies, obwohl ich mir Sex insgeheim immer spektakulärer vorgestellt hatte. Doch irgendwie fühlte ich mich zum braven Mitlaufen genötigt. Genötigt durch die gesellschaftlich anerkannte sexuelle Normalität und die meines Partners. Ich fühlte mich hin und her gerissen zwischen dem, was man durfte, was konventionell und regulär war, und dem, was ich wollte.

Wer hat sie nicht gelesen, die romantischen und leidenschaftlichen Beschreibungen des ersten Mals der knapp geschlechtsreifen Teenies in der *Bravo*. Da schrieben 14-jährige Mädchen, wie sie gleich beim ersten Sex zehnmal hintereinander zusammen mit ihrem Partner zum Höhepunkt gekommen sind. So hatte mir mein erstes Mal auch vorgeschwebt, doch aus zehnmal Höhepunkt wurde kein Mal und aus gemeinsam wurde einsam – für ihn. Ich blieb auf der Strecke. Sowieso dauerte der Akt gerade mal schlappe fünf Minuten, schmerzte wie sonst was. Und die darauffolgenden Sexversuche waren auch nicht viel besser. Und trotzdem war ich glücklich. Dachte ich. Endlich hatte ich Sex, und zwar so richtigen Sex, wie es halt Erwachsene auch hatten und durften. Auch wenn ich mir mehr davon erhofft hatte, so gab ich mich mit dem, was war, zufrieden. Sex wurde wohl einfach generell überbewertet. Das musste es sein. Es gab keine andere Erklärung dafür, dass mich der Sex mit meinem damaligen Freund nicht wirklich befriedigte, denn an ihm konnte es selbstverständlich nicht liegen ... Rein, raus, rein, raus! Nein, natürlich nicht. Es musste eine andere Erklärung dafür geben.

Auf die Idee, meine BDSM-Fantasien auch in der Beziehung auszuleben, kam ich in dieser Lebensphase komischerweise nie. Ich trennte den Blümchen-Sex mit meinem Freund von dem, was sich in meinen Fantasien abspielte. Es kam mir nie in den Sinn, meinen Freund mit meinen Bedürfnissen zu konfrontieren, obwohl ich normalerweise ein ziemlich direkter Mensch bin. Doch hier war ich total verklemmt. Vielleicht aus Angst, mit meinem Begehren auf Unverständnis zu stoßen.

Nico, mein Exfreund, und ich, damals beide 24, beschlossen, in Zürich auf eine der größten Neujahrpartys des Landes zu gehen. Dresscode war »Disguised«. Das passte mir nur zu gut. Bei der Wahl des Kostüms entschied ich mich letztendlich für »Lady Vampire«. Das war ein guter Kompromiss zwischen dem Partymotto und meiner inzwischen erwachten Vorliebe für Leder-, Lack- und Latex-kleidung. Ich hatte einen schwarzen Umhang, die passenden spitzen Eckzähne, rote Blutkapseln für den Spezialeffekt, ein zerrissenes schwarzes Oberteil, eine knallenge Hose und gefährliche 8-Zentimeter-High-Heel-Stiefel, geschnürt bis zu den Knien. Für das perfekte Kostüm fehlte mir nur noch das Nietenhalsband.

Ich klapperte praktisch meine ganze Heimatstadt danach ab. Laden für Laden – ohne Erfolg. Bis mir ein etwas dubios aussehender Kerl eine Visitenkarte eines Shops zusteckte und meinte, ich solle es mal dort versuchen. *Mephisto Underground-Wear*. Hörte sich doch gut an. Wohl einer dieser Secondhandläden in der Altstadt. Secondhand war zwar nicht ganz mein Ding, aber vielleicht hatten sie ja wirklich Nietenbänder im Angebot. Ich folgte der Wegbeschreibung auf der Visitenkarte und fand den Laden auf Anhieb. Die Ausstellungsvitrine am Eingang des Shops entging mir leider. Wenn ich sie früher entdeckt hätte, hätte mir das wohl so einiges an Überraschungen erspart.

Keuchend schleppte ich mich die Stufen des unangenehm hell erleuchteten Treppenhauses hoch. Im fünften Stock angekommen, musste ich kurz haltmachen und kräftig durchatmen, die Treppe hatte mir einiges abverlangt. Ich stützte mich auf meine Knie und ließ den Kopf hängen. In dieser Position verharrte ich eine gute Minute, dann schaute ich hoch und betrachtete den Eingang des Ladens. Die Tür stand ein wenig offen, also strich ich meine Haare zurecht und betrat den Laden – nein, den Hades! Denn kaum dass ich den Raum betreten hatte, wurde es um mich herum stockfinster. Dumpfe sphärische Klänge erfüllten den Raum, und im Hintergrund hörte ich das Geräusch eines leckenden Hundes und das Rascheln einer schweren Eisenkette.

Ich zögerte, machte dann zwei Schritte nach vorne und stolperte über einen ausgestellten offenen Sarg, der ziemlich ungünstig im Raum platziert war. Langsam gewöhnten sich meine Augen an die Dunkelheit, und ich begann, mich neugierig, aber etwas verängstigt im Raum umzusehen. Peitschen aller Art, Gasmasken, Ketten, Latex-, Lack- und Lederklamotten, Fesseln, Handschellen, Dildos, Masken, Nagelbretter und andere kuriose Utensilien, die ich noch nie gesehen hatte, hingen und lagen ausgestellt über die gesamte Ladenfläche verteilt. Mit offenem Mund starrte ich auf das Sammelsurium. Wow! Ich war augenblicklich fasziniert, wenn auch noch etwas zurückhaltend. Ich fühlte mich wie ein Kleinkind, das das erste Mal von Mutti in ein Spielparadies gebracht wird. Schwarz! Alles war schwarz und glänzte! Mein Herz hämmerte wie wild, und eine angenehme Erregung kribbelte durch meinen Körper. Ich nahm jeden einzelnen Gegenstand genaustens unter die Lupe, und nach und nach tauchte ich in meine Fantasiewelt ab, als mich unerwartet eine harte und tiefe, dennoch feminine Stimme aus dem Tagtraum riss. »Kann ich dir irgendwie behilflich sein?«

Ich drehte mich um. Eine Frau mittleren Alters mit strohigem, dunkelrot gefärbtem Haar saß auf einem braunen Lederstuhl neben der Kasse. Ganz in roten Latex gehüllt, mit einer Peitsche in der einen und einer Kette in der anderen Hand. Ihr Catsuit hatte einen durch den Schritt führenden offenen Reißverschluss. Das andere Ende der Kette lag um den Hals einer jüngeren blonden Frau, die auf allen vieren vor der Diva kniete und ihr rhythmisch die Muschi leckte. Das dumpf raschelnde Geräusch kam von der Kette, die immer wieder an den Holztisch schlug. Die Domina schaute mich fordernd an, während sich ihre Sklavin langsam zu mir umdrehte und mich mit einem verlangenden, unterwürfigen Blick von oben bis unten begutachtete.

»Äh, ich suche ein Nietenhalsband, und man hat mir gesagt, ich würde hier äh eins finden.« Mit einer schnellen Handbewegung wischte ich mir den Schweiß von der Stirn.

»Sicher doch, meine Kleine. Wir haben alles, was das Herzchen begehrt.« Die Blonde stand auf. Sie war einfach exorbitant groß! Ich bin ja mit 172 Zentimetern auch kein Zwerg, aber sie überragte mich um gut eine Kopflänge. Mit langsamen Schritten kam sie auf mich zu und führte mich in die Ecke zu den Halsbändern.

»Wie wäre es denn mit dem da?« Sie streckte mir ein schwarzes Band aus Leder entgegen. Daran waren Nieten befestigt, die so lang und spitz waren, dass man ohne Probleme jemanden damit hätte umbringen können.

Wie immer, wenn ich nervös war, versuchte ich, witzig zu sein. »Ich will doch niemanden damit umbringen«, sagte ich. »Haben Sie nicht etwas Humaneres?«

Die Dominatrix fand meine lockere Art leider nicht wirklich beeindruckend und erwiderte barsch, ich solle gefälligst still sein und mir selbst was aussuchen. Panisch krallte ich mir das nächstgelegene Nietenhalsband inklusive Stahlkette und begab mich schnellstmöglich zur Kasse. Die beeindruckende Zahl auf dem Preisschild war mir egal, ich wollte einfach nur noch raus aus dem Laden.

Wie der Zufall es wollte, hing neben der Kasse eine Auswahl an Peitschen, die dummerweise genau in dem Moment meine Neugierde weckte. Die Domina hatte ihren Platz wieder eingenommen und ließ sich von der Sklavin verwöhnen. Als ich beschloss, die Peitschen mal an meiner eigenen Hand auszuprobieren, schwang sie sich aus dem Sessel, kam schnellen Schrittes auf mich zugelaufen und baute sich vor mir auf. Sie war so nah, fast konnte ich ihren bedrohlichen Atem spüren. »Worauf stehst du denn?«

Wie sollte ich diese Frage bitte schön beantworten können – so ganz ohne Erfahrung. »Weiß nicht. Willst mich nicht mal ein bisschen einführen?«

Gott sei Dank hatte sie es eindeutig zweideutig verstanden, und so begann sie ihren halbstündigen Monolog über die Welt der Peitsche. Jede Einführung gefolgt von einer praxisorientierten hiebfesten Präsentation – an mir. Wie ein unartiges Schulmädchen streckte ich ihr züchtig die Hand entgegen, die sie genüsslich festhielt, um mir dann mit jeder ihrer ausgestellten Peitschen eins drüberzubraten. Schließlich musste man das Feeling ja mit Haut und Haar erleben. Das Feeling? Ja wohl eher die Qualen! Und wie es schmerzte! Doch ich ließ die Coole raushängen. »Ist ja alles schön und gut, aber ehrlich gesagt hat es mich bis jetzt nicht umgehauen. Hast du nichts Härteres?«

Gesagt, getan. Sie packte ein zierliches, aber gefährlich aussehendes Ding von Peitsche aus einem Etui, zog auf und meinte nur noch: »Ich besorge es dir schon, wenn du möchtest«, und ließ die Peitsche auf meine Handfläche knallen. Wärme, gefolgt von einem bitterbösen Schmerz, durchströmte umgehend meine Hand. Es tat tierisch weh.

Forschend, mit einem kleinen Lächeln im Mundwinkel, fixierte mich die Domina, gierig darauf versessen, auch nur das kleinste Anzeichen von Schmerz an mir wahrzunehmen. »Na, besser so?«

»Viel besser«, erwiderte ich. »Die ist gut. Die nehme ich.« Was hätte ich auch sonst sagen sollen? Ich konnte ja nicht wie ein Jammerlappen vor Schmerz zusammenklappen. Und schließlich gab mir die Zeit, die sie zum Verpacken meiner neu akquirierten Utensilien benötigte, die Möglichkeit, meine taube Hand zu verarzten. »Ich habe leider keine andere Tasche, ich hoffe, das stört dich nicht!« Super, ein Monster von einer Tasche, auf dem mit riesiger Schrift »FETISCH, RUBBERWEAR, BDSM« stand. Nein, natürlich störte es mich nicht. Es störte mich auch nicht, dass mit jedem Schritt die Kette des Halsbandes in der Tasche hin und her rutschte und rasselnde Geräusche von sich gab, was die Aufmerksamkeit der Passanten auf sich zog.

Zu Hause angekommen, verstaute ich meinen neuen Schatz sorgfältig unter meinem Bett. Ich musste sicher sein, dass meine Mutter ihn unter gar keinen Umständen finden würde. Immer noch freudig erregt setzte ich mich an den Schreibtisch und begann sogleich, alle Zeitungen nach Annoncen für Fetisch-Partys zu durchstöbern. So etwas musste es ja schließlich auch geben. Dummerweise kannte ich niemanden, der solche Events besuchte, also musste ich die Sache selbst in die Hand nehmen. Und ich wurde sogar fündig. Wer hätte gedacht, dass in einer kommunalen Zeitung für diese Art von Events Werbung gemacht wurde? Ich war entzückt. Gespannt. Glücklich.

Doch bis ich tatsächlich den Mut hatte, auf eine Fetisch-Party zu gehen, vergingen doch noch fast zwei Jahre, in denen ich mich wohl oder übel damit zufriedengeben musste, meine Bedürfnisse zurückzustecken und mein mittlerweile beträchtliches Repertoire an glamourösen Kleidungsstücken aus Latex, Lack und Leder – Hüte, Handschuhe, knappe Röcke, Catsuits, Harness-Bodys – ausschließlich zu Hause anzuziehen. Was die Praktiken anging, so übte ich fleißig weiter, an mir selbst und mit meiner Fantasie.

Irgendwann war die Zeit jedoch überreif. Ich hielt es einfach nicht mehr länger aus und fühlte mich nun bereit, eines dieser ominösen Fetisch-SM-Events aufzusuchen. Ich hatte nur eine leise Ahnung von dem, was mich dort erwarten würde, kannte ich doch niemanden, der sich in dieser Szene bewegte und mir eine Einführung hätte geben können. Mein damaliger Freund

Philipé misstraute der Sache, obwohl er wusste, wie sehr ich es mir wünschte, mal an einem solchen Event teilzunehmen. Er wollte mich unter gar keinen Umständen auf diese Party lassen, weil er fürchtete, ich könnte Gefallen an diesen Perversionen finden. So war er nur unter einer Bedingung gewillt, mich zu diesen Events gehen zu lassen: Er wollte mich begleiten. Selbstverständlich war ich damit einverstanden, ich hatte nämlich auch keine Lust, alleine dorthin zu gehen.

Doch es kam, wie es kommen musste, und ich wurde am Abend zuvor krank. Da saßen wir nun auf unseren teuren Tickets. Philipe beschloss, trotzdem hinzugehen, zusammen mit seinem Mitbewohner, und mir dann zu berichten, ob es überhaupt einen Besuch wert war. Er borgte sich bei einem Kollegen einen langen schwarzen Latex-Rock und ein Gummi-Netz-Oberteil. Ich fand es – im Gegensatz zu ihm – hammergeil. Meine Müdigkeit war mit einem Schlag wie weggeblasen. Doch für die Party reichte der Energiehaushalt dennoch nicht aus. Ich blieb zu Hause und wartete gespannt auf seine Rückkehr und den hoffentlich ereignisreichen Bericht.

Es klingelte. Zwei Uhr morgens. So früh? Was konnte bloß passiert sein? Als ich die Tür öffnete, sah ich Abscheu, Angst, Unverständnis und ein Lächeln zugleich in Philipes Gesicht. Nachdem er sich unter größter Anstrengung aus den verschwitzten Latex-Klamotten geschält hatte, legten wir uns ins Bett, und er erzählte mir von seinem eher bizarren Erlebnis. So sehr er sich auch bemühte, mit seinen Erzählungen Ekel und Abneigung in mir zu schüren, so sehr ging der Schuss nach hinten los.

Meine Neugierde wuchs und wuchs und wuchs. Ich musste mich zusammennehmen, um ab und zu ein »Oh nein, wie schrecklich« über meine Lippen zu bringen, schließlich wollte ich um drei Uhr morgens keinen Streit anfangen. Ihm war jedoch klar, dass ich mich nicht bekehren lassen würde. Also gab er seine erfolglosen Versuche auf und schaffte es nur noch, mir im Halbschlaf das Versprechen zu entlocken, in Zukunft nie ohne ihn dorthin zu gehen. Ich sagte zu – und war überglücklich.

Vier Wochen später fiel mir durch Zufall wieder eine Zeitungsanzeige derselben Partyorganisation in die Hände. Ich gebe zu, ich hatte mich bei meinem Stamm-Fetischshop eher weniger beiläufig über anstehende Partys informiert. Das Event würde in zwei Wochen stattfinden, diesmal jedoch an einem anderen Ort, zeitgleich mit der Zürcher Streetparade. Das kam mir gerade recht, ich war nämlich kein Fan von Techno-Musik. Ich war fest entschlossen, diesmal nicht schlappzumachen und nahm Vitamine, trank Tee, trieb Sport und lief nur noch in norwegischen Rentier-Pullis herum. Ich durfte nicht noch einmal krank werden.

Am Abend des großen Ereignisses war ich dann auch topfit. Philipe und ich zelebrierten die Stunden der kreativen Einkleidung mit weniger kreativem Sex. So würden wir es nie bis zur Party schaffen. Sex, gefolgt von einer nicht enden wollenden Fotosession – Philipe fand plötzlich Gefallen an meinem Latex-Outfit –, und meine Nerven lagen blank. Mit zweistündiger Verspätung verließen wir endlich die Wohnung und schwangen uns in Lack und Leder gehüllt und mit Peitsche und Handschellen bewaffnet auf seine Vespa. Ein irres Bild. Alle zehn Meter hupten Autofahrer, pfiffen Spaziergänger und johlten Besoffene. Halb erfroren kamen wir nach zwanzigminütiger Fahrt endlich beim Club an.

Wir liefen durch den Eingang, der außerhalb des Gebäudes lag. Die ersten schrill gekleideten Personen kamen uns entgegen. Innerlich hüpfte ich vor Freude. Ich war so gespannt auf das, was mich da drin erwarten würde. Komischerweise fühlte ich mich in keiner Weise ängstlich oder fehl am Platz, aber wir hatten ja noch nicht einmal die Halle betreten. Von der Kasse führte uns ein Weg durch einen Wintergarten. Im Schein der Kerzen, die auf den Tischen standen, sah ich nur die vagen Umrisse der Menschen, die es sich draußen auf den Stühlen bequem gemacht hatten. Ich kniff die Augen zusammen, denn ich hatte mich noch nicht an die Dunkelheit gewöhnt. So ging ich, meine Neugierde noch immer ungestillt, durch den Wintergarten hinein in das Hauptgebäude.

Beim Eintritt hallten uns dumpfe Progressive-Trance-Klänge entgegen. Ansonsten war nicht viel zu hören. Kein Gejohle, keine Stimmen. Ohne die Musik hätten die vereinzelten stumm tanzenden Menschen fast leblos gewirkt. Es war nicht wie auf anderen Partys. Die Leute tanzten entweder ganz für sich alleine oder leise in kleineren Gruppen. Es schien, als könnte jedes menschliche Geräusch, jedes Lachen, jedes Zeichen von Leben die geheimnisvolle Stimmung zerstören. Mir fiel auf, dass die Menschen pingelig darauf achteten, einen ernsten und geheimnisvollen Eindruck zu machen. Wahrscheinlich nur, weil es noch so früh war, dachte ich mir. Es war mir ein Rätsel, weshalb sich Philipe so dagegen gesträubt hatte, dass ich diese Partys besuchte, denn bis zu diesem Zeitpunkt konnte ich noch nichts Schockierendes entdecken. Von den berühmt-berüchtigten Sexorgien und Dark Rooms keine Spur. Alle Partygäste verhielten sich so weit zivilisiert.

Ich sah mich weiter um. Der Raum war dunkel, die Wände zierten zahlreiche Accessoires wie Handfesseln, Masken, Peitschen, Spinnweben und Kerzen. In einer Ecke stand ein seltsames Gebilde aus Holz, Eisen und Lederriemen, in der anderen ein Nagelbrett, an dem gerade ein etwa fünfzigjähriger Mann eine hübsche, schwarzhaarige, schlanke etwa dreißigjährige Frau festschnallte. Das Bild erregte mich.

Ich drehte meinen Kopf und sah jemanden vor der Bühne stehen. Es war eine Domina. Sie war ganz in dunklen Latex gehüllt und hatte eine schwarze Perücke auf. Sie wirkte richtig hager, bewegte sich langsam und bedächtig, fast wie ein Alien. Hinter sich führte sie ihren Sklaven Gassi. In der rechten Hand hielt sie die Peitsche, mit der sie ihrem Sklaven die Kommandos gab. Ein leichtes Antippen, und er wusste sofort, was zu tun war. In der linken Hand hielt sie die Kette, die am Halsband des Sklaven befestigt war. Der Mann lag ihr wortwörtlich auf allen vieren zu Füßen, leckte je nach Kommando abwechslungsweise ihre Stiefel oder ihre Hand. Ich musste schmunzeln, und gleichzeitig war ich erstaunt darüber, wie gelassen ich mit der Situation umging. Ich fühlte mich auf Anhieb wohl und war überhaupt nicht schockiert. Ich bemerkte, wie Philipe mich gespannt musterte, in der Hoffnung, irgendeine Reaktion meinerseits wahrzunehmen. Ich gab mich stoisch, doch innerlich jaulte ich. Ich war gierig. Ich wollte mehr!

Meine Augen hatten sich mittlerweile an die Dunkelheit gewöhnt, und ich machte mich daran, die Menschen, die um mich herumstanden, zu begutachten. Ein spektakuläres Paar, das im Partnerlook aufgetaucht war, fiel mir sogleich ins Auge. Beide in sündigem Latex, schwarz-orange gestreift, die dazu passend orange gefärbten Haare und dunkle Springerstiefel. Dann gab es weniger einfallsreiche Personen, die in Shirt und bieder normaler Unterhose erschienen waren. Nicht zu vergessen die, die durch praktisch nichts mehr verhüllt waren, sondern genauso gut nackt hätten umherlaufen können. Eine Frau hatte nichts als einen Latex-Dildo umgeschnallt. Ein Meer glänzender und sündiger Materialien um mich herum.

Die Rhythmen stiegen mir ins Blut, und ich begann, zu den harten Beats zu tanzen. Ich war lüstern. Erregt. Ich zog Philipe näher zu mir ran, wollte meinen heißen Wünschen freien Lauf lassen. Der jedoch zickte und riss sich aus meiner Umarmung los. Es wäre nicht die richtige Umgebung für ihn, außerdem wisse er nicht, ob ich so geil drauf sei wegen ihm oder wegen dem, was hier abginge. Und dies sei ja wohl der totale Abtörner. Ich konnte nicht fassen, was er da gerade von sich gegeben hatte. Meine Lust verwandelte sich umgehend in Wut und Enttäuschung. Was hatte er denn erwartet? Hatte er gehofft, der Einblick in diese Welt würde meine Neugierde für immer stillen und jegliche Sehnsüchte lahmlegen? Dann hatte er sich gewaltig geschnitten. Ich beschloss, mir meinen Abend nicht durch Philipes Laune zunichte machen zu lassen, wandte mich von ihm ab und ließ mich erneut von den dumpfen Klängen der Musik einlullen.

Irgendwann hatte es sich ausgetanzt, und in mir schrie es nach Flüssigkeitszufuhr. Der Weg zur Bar, es waren etwa zehn Meter, dauerte etwa zehn Minuten. Von überall her flogen mir die unmoralischsten Angebote zu: Natur-Sekt, Fisting, Fäkal-Sex … Nichts, was es nicht zu geben schien. Ich winkte jedes Mal dankend ab, erstaunt darüber, dass mich die Betroffenen sogleich respektvoll in Ruhe ließen und nicht weiter drängten. Endlich an der Bar angekommen, bestellte ich eine Whisky-Cola. Plötzlich fühlte ich ein Ziehen an meiner Peitsche, die ich mit einer Schlaufe an meinem linken Handgelenk befestigt hatte. Was zum Teufel? Genervt drehte ich mich um. »Geht's oder was? Kauf dir gefälligst selbst eine!«

Fassungslos wandte ich mich wieder dem Barmann zu, der mir meinen Drink auf den Tresen stellte, mich mit einer Handbewegung aufforderte, ein wenig näher zu treten, und mir dann mit einem Grinsen erklärte: »Das ist ein Sklave. Das Ziehen an der Peitsche ist ein Code und bedeutet nichts anderes, als dass er gerne von dir gezüchtigt werden möchte.« Ups, wieder einmal voll ins Fettnäpfchen getreten. Klang spannend, das musste ich genauer untersuchen. So pflanzte ich mich in die Mitte der Tanzfläche, meine Peitsche provokativ hinter meinen Rücken geschwungen, und wartete auf den Nächsten, der anbeißen würde. In der Tat dauerte es keine fünf Minuten, da wurde schon wieder wie wild an der Peitsche gezupft. Ich fuhr mit der Peitsche langsam über den Kopf des Mannes und meinte: »Heute nicht, mein Kleiner.« Das »mein Kleiner« hätte ich wohl besser sein lassen, denn jetzt ließ er während des halben Abends kaum mehr von mir.

Mein Blick wanderte durch den Raum, doch ich konnte Philipe nirgendwo entdecken. Auch gut. Ich würde mich schon amüsieren, und das Letzte, das ich gebrauchen konnte, war diese Spaßbremse. Die Rhythmen hatten wieder von mir Besitz ergriffen, und entspannt ließ ich mich von meiner Heiterkeit treiben. Plötzlich packten mich wie aus dem Nichts zwei Hände und drückten mich gegen den viereckigen Eisenkäfig, der in der Mitte der Bühne stand. Die Hände schoben mich durch den Spalt zwischen den Gitterstangen hindurch und begannen, kräftig und gleichzeitig sanft meinen Körper zu erforschen. Ich wusste, es konnte nicht Philipe sein, seine zuweilen ungeschickten Berührungen fühlten sich ganz anders an. Diese hier waren feurig, verlangend, gierig, leidenschaftlich. Es war definitiv nicht Philipe, und es war mir egal. Mir war egal, wer es war, denn nichts wollte ich in dieser Minute mehr, als all die jahrelang angestauten Sehnsüchte auszuleben. Diesen lang ersehnten Moment meinen Moment sein lassen, so wie ich es mir all die Jahre gewünscht hatte. Ich war zu allem bereit.

Willig ließ ich mich in eine erotische Mischung aus Tanz und sexuellen Neckereien verwickeln. Ich beschloss, das Geheimnis der Anonymität zu lüften, und drehte mich um. Zu meinem Erstaunen blickte ich nicht wie erwartet in das kantige Gesicht eines Mannes, sondern in die sanften, mich herausfordernden Augen einer bildschönen, kurzhaarigen Brünetten. Ich war perplex und wusste für einen kurzen Moment nicht, wie ich die ganze Situation einzuordnen hatte. Nie hatte ich mich mit dem Thema Lesbensex auseinandergesetzt. Es stand einfach nicht auf der Dringlichkeitsliste meiner sonst schon zahlreichen sexuellen Fantasien. Das hieß aber nicht, dass ich eine homophobe Einstellung pflegte. Im Gegenteil. Ich hätte dem Thema Homosexualität kaum neutraler gegenüberstehen können, und weil diese besagte Nacht – das spürte ich insgeheim – sowieso eine der einschneidendsten Erfahrungen meines Lebens sein würde, schloss ich die Augen und ließ mich vom Lauf der Dinge treiben.

Es entging mir nicht, wie unser erotischer Tanz im Eisenkäfig die dürstenden Blicke der Partygäste auf sich zog. Mit Verblüffung stellte ich fest, dass Lesben auch in dieser Szene etwas Besonderes zu sein schienen. Ich genoss es in vollen Zügen, im Zentrum des Geschehens zu stehen. Bald jedoch vergaß ich die Welt um mich herum und ließ meinen körperlichen Bedürfnissen freien Lauf. Ich gab mich nicht mehr bloß mit sexy Tanz und ein wenig Körperaneinanderreiben zufrieden. Ich wollte mehr, und die Unbekannte schien es auch zu wollen. Wir begannen uns leidenschaftlich zu küssen, und ich weiß nicht, wie mir geschah, doch ich spürte eine noch nie zuvor dagewesene Lust auf Vereinigung. Auf Sex. Ihre Küsse raubten mir den Verstand, und das erste Mal in meinem Leben genoss ich Körperlichkeit so richtig in vollen Zügen. Niemand störte sich an unserem Treiben, im Gegenteil!

Die Brünette nahm mich bei der Hand und zog mich Richtung Treppe, weiter hoch zur oberen Etage des Raumes, die mir bisher entgangen war. Die Treppe führte uns in einen abgesperrten Bereich, vor dessen schwarz angemalten Stahltüren zwei muskulöse Türsteher in einer Art Gladiatoren-Rüstung standen. Mit einer Handbewegung forderten sie uns auf, stehen zu bleiben. »Sorry, Girls, aber hier dürfen nur Paare rein.«

»Wir sind eins, falls es erlaubt ist.« Die Stimme der Brünetten klang rau und streng. Ich blickte zu ihr rüber und musterte dieses Mal in etwas hellerem Licht ihre Gesichtszüge und Körperkonturen. Sie war wirklich bildschön. Ihre ästhetische Perfektion haute mich um. Mit einer ungeduldigen Handbewegung winkte uns der größere der beiden Gorillas in den Privatbereich hinein. Ein Blick genügte, und ich wusste, was auf mich zukommen würde. Es war eine Art Swinger-Abteil für Fetischisten. Überall lagen Frauen und Männer, nackt, wie Gott sie geschaffen hatte, in eindeutigen Posen und genossen ungehemmt und in jeder nur möglichen Variation das Liebesspiel. Wurde es mit einem Partner zu langweilig, ging man zum nächsten über. Wahllos. Alles war erlaubt. Neue Besucher wurden kommentarlos ins Geschehen mit einbezogen. Wir konnten uns nur knapp gegen die gierigen Hände wehren, die schon überall an uns zogen. Ich folgte meiner Begleitung ans hintere Ende des Privatbereiches, fernab aller anderen Partygäste. Sie lächelte mir zu, strich mir über mein Gesicht. »Codeword Agony.« Ich verstand sofort.

Mit einer natürlichen Selbstverständlichkeit ließ ich mich von ihr an die Vorrichtung am Ende des Raumes ketten. Es war ein aufgestelltes latexüberzogenes Brett, an dessen Ecken sie mich mit den daran befestigten Eisenketten festband. An beiden Händen und Füßen. Die Beine leicht gespreizt. Ich genoss das Gefühl, dieser Frau vollkommen ausgeliefert zu sein. Keinen einzigen Moment lang fühlte ich Unbehagen oder Angst. Ich vertraute ihr, obwohl ich sie nicht kannte. Ich schloss die Augen und tauchte in diesen Moment ein. Es war mir egal, was sie mit mir anstellen würde. Alles, was ich wusste, war, dass ich das erste Mal in meinem Leben wahre Lust empfand und ich die Hürde genommen hatte – die Hürde über soziale Konventionen und innere Ängste hin zu dem, was mich glücklich machen und erfüllen würde.

Die Unbekannte verband mir die Augen und zog die Ketten fester an. Dann hörte ich nur noch die gedämpften Geräusche des regen Treibens um uns herum und ihren tiefen Atem nah an meinem Ohr. Sonst nichts. Sie regte sich nicht. Sie berührte mich nicht. Sie verstand es, eine Spannung aufzubauen, in der ich mich mehr und mehr nach jeder noch so kleinen Berührung verzehrte, sie ungeduldig herbeiwünschte. Ich bemerkte, wie es zwischen meinen Beinen buchstäblich zu tropfen begann und ich mein Becken so gut es ging auf und ab bewegte. Unruhig wand ich mich in den Ketten, bis ein unvermittelter, brennender Schmerz an meiner Brust mir die erhoffte Erlösung bot. Gefolgt von noch einem peinigenden Hieb und noch einem. Die Schläge verschlangen Stück für Stück meinen Verstand und legten meine nachgiebige Machtlosigkeit frei.

Plötzlich hörten sie auf. Aus der Trance gerissen, lauschte ich in die knisternde Stille hinein, als mich wie aus dem Nichts ein weiterer Hieb traf. Diesmal anders. Nicht brennend. Nicht spitz. Dumpf. Und weiter unten. Zwischen meinen Beinen. Und wieder. Rhythmisch. Verlangend spreizte ich meine Beine, genoss den sanften Schmerz, den mir die Dildo-Stöße bescherten, gierte nach mehr. Nach heftiger. Nach intensiver. Bis sich nackt und hemmungslos ein bombastisches Feuerwerk von Erlösung, Entkräftung und Glück entlud. Meine Erretterin band mich los, küsste mich ein letztes Mal und verschwand wortlos in der Menge. Berauscht blieb ich noch eine Weile ans Brett gelehnt am Schauplatz stehen. Selig und hoch beglückt. Jetzt wusste ich endlich, weshalb all das Theater um Sex gemacht wurde!

Philipe habe ich nach dem Erlebnis den Schuh gegeben. Mittlerweile lebe ich in einer sehr erfüllten Partnerschaft mit einem Mann, der all meine Sehnsüchte und Wünsche teilt und zu befriedigen weiß. Ich habe zu mir selbst gefunden. Zu meiner Sexualität und damit zu einem Teil meiner Selbst. Meiner Identität. Das Abenteuer mit dieser Frau wird mir immer unvergessen bleiben. Es war nicht meine letzte homoerotische Erfahrung und wird es wohl auch nicht bleiben, wenngleich ich mich doch eher zu Männern hingezogen fühle. An diese ominöse Brünette werde ich mich jedenfalls immer erinnern. Sie hat mich befreit!

Purer Egoismus

Elin, 32

Der Abend war angebrochen. Ich saß an der Theke einer Bar, in der normalerweise Menschen ein und aus gingen, die sich für dasselbe Geschlecht interessierten wie ich. Mit den Händen hielt ich ein Bierglas fest umklammert, als wäre es ein Anker, der mich daran hindern sollte, in meiner Enttäuschung zu versinken. Ich wartete jetzt seit dreißig Minuten auf mein Date. Es war eine Frau, von der ich glaubte, dass sie es wert sei, so lange auf sie zu warten.

Ein paar Tage zuvor hatte mich dieselbe Frau in derselben Bar ganz unerwartet zum Tanzen aufgefordert. Eigentlich war ich viel zu schüchtern, um zu tanzen, doch als Laura Pausini ihr *Strani Amori* trällerte, sprang sie auf, nahm mich an der Hand und zog mich auf die Tanzfläche – sie ließ mir gar nicht die Wahl.

Ihre blauen Augen und ihre tiefschwarzen Haare machten sie zugegebenermaßen attraktiv, doch ich kannte sie kaum und wäre bis zu diesem Tanz nicht auf die Idee gekommen, sie zu begehren. Dennoch machte mich die Situation nervös. Es war mein erster Song, den ich auf diese Weise mit einer Frau teilte. Bereits auf dem Weg zur Tanzfläche raste mein Herz – er kam ganz unerwartet, dieser Moment. Als wir uns berührten, zitterte ich am ganzen Körper. Wir umarmten uns auf eine selbstverständliche Weise, als hätten wir schon lange auf diese

Gelegenheit gewartet. Sie, wie auch die gesamte Situation, in der wir uns befanden, fühlten sich fremd an. Dennoch entstand eine Nähe, die ich zuvor noch nie erlebt hatte. Die zärtlichen Berührungen gingen tief, und überwältigende Gefühle durchströmten mich. Es war ein intensiver, ein unfassbarer Augenblick. Natürlich hemmte das Zittern. Es war mir peinlich, doch ich konnte nichts dagegen tun. Konnte mich nicht entschuldigen und mich schon gar nicht von ihr lösen. Sie hingegen ließ sich nicht beirren und hielt mich fest, als wüsste sie genau, was in mir vorging. Ihr Körper, ihre Umarmung, ihre Nähe, die Musik, die Berührungen. Ich versank in ihr, in diesem Tanz und vergaß die Welt um mich herum. Mal abgesehen vom Zittern war es angenehmer als angenehm, intensiver als intensiv und irgendwie schwer auszuhalten; es war *Strani Amori*, es waren vier Minuten. Danach folgte ein magisch langer Blick in die Augen, erneut der Griff an meine Hand und die Rückkehr an unseren Tisch, an dem auch mein Freund saß. Er kannte mein Interesse am weiblichen Geschlecht und sah darin nichts Schlechtes, nichts, wovon er mich zurückhalten sollte. Daher der Besuch in dieser Bar und daher das zufällige Treffen mit dieser Frau.

Irgendwann verließen wir das Lokal. Beim Abschied trafen sich unsere Blicke erneut, gefolgt von einem bestimmten Kuss auf den Mund. Sie lächelte und ging; die Magie, die Verwirrung und mein Freund blieben. Ich war froh, dass er da war, obwohl meine Gedanken unaufhörlich um eine Frau kreisten. Sie und er waren für mich zwei gänzlich unterschiedliche Geschichten. Wir hatten eine harmonische und gute Beziehung, und sollte ich letztendlich auf Frauen stehen und mich in eine Frau verlieben, so meinte er, könne er das auch nicht ändern.

Was diese Frau und dieser Tanz in mir auslösten, war unbeschreiblich groß. Es war dunkel, hell, feurig, eisig, fremd, vertraut, beängstigend und erlösend zugleich. Es war intensiv, es war schön, und das schien er zu verstehen. Ich wusste nicht viel an diesem Abend und auch nicht die Tage danach. Doch eines war sicher: Ich wollte sie wiedersehen. Ich wollte mehr von ihr, mehr von diesem Gefühl – sie wusste es. Ein paar Tage darauf schließlich dieses Date. Sie blieb fern.

Da saß ich nun, mit meinem Bier und meiner Enttäuschung. Ich muss ein merkwürdiges Bild abgegeben haben, denn eine junge, mir unbekannte Frau lud mich zu sich und ihrem Freund an den Tisch ein, damit ich nicht alleine war. Ich war es nicht gewohnt, von fremden Menschen – schon gar nicht von Frauen – angesprochen zu werden, und staunte nicht schlecht über ihr Angebot. Doch ich wollte nicht gesellig sein, daher blieb ich an der Bar und bestellte noch ein Bier. Keine Ahnung, wie lange ich da saß, und keine Ahnung, wie viel ich trank. Jedenfalls sah sich diese Frau veranlasst, mich erneut anzusprechen und sich neben mich zu setzen. Sie fragte nicht, sie tat es einfach. Ich war 17, sie ungefähr zwanzig. Ich hatte Kummer und sie ein überaus selbstbewusstes Auftreten. Sie fragte, wie es mir ginge, nahm Anteil an meiner Traurigkeit und zeigte sich entsetzt über das Verhalten der Frau, die mich hatte warten lassen.

Sie sprach mit einer rauchigen Stimme, auf die sie stolz war und die sie nach eigener Aussage selbst enorm erotisch fand. Während sie redete, versuchte ich die Erotik darin zu finden. Doch vergebens. Sie klang heiser, aber auf keinen Fall kränklich. Sie war sehr frisch, wortgewandt und hatte eine ungeheure Menschenkenntnis. Sie holte mich dort ab, wo ich war. Bei meiner Traurigkeit und der Sehnsucht nach einer Frau, nach einem weiblichen Körper. Ich sagte nicht viel, denn ich sprach grundsätzlich kaum über mich. Sie hingegen wickelte mich förmlich mit ihrem Charme und ihrer Aufmerksamkeit ein. Irgendwann verabschiedete ich mich. Sie meinte, dass ich ein andermal wiederkommen sollte, dass sie oft hier sei und wir uns bestimmt wiedersehen würden.

Ich wusste nicht, ob es gut für mich war, dennoch wurde ich zu einer regelmäßigen Besucherin dieser Bar. Meistens begleitete mich mein Freund, der mir in meiner Unsicherheit ein Stück Sicherheit gab. Die Homo-Szene faszinierte ihn, sowohl der weibliche wie auch der männliche Aspekt. Er suchte nicht den Kontakt zu Männern, doch er verschloss sich ihnen nicht. Was mich betraf, hatte ich Respekt vor dieser Welt. Ich fühlte mich sehr klein und auch nicht besonders wohl darin. Dennoch zogen mich diese Menschen an, weil sie etwas in sich trugen, was ich auch in mir fühlte.

Wie erwartet traf ich in dieser Bar erneut auf die junge Frau und auch auf die, die mich hatte warten lassen. Letztere entschuldigte sich für neulich Abend, ging ansonsten auf Distanz und vergnügte sich unverbindlich mit einer anderen Frau. Natürlich irritierte mich ihr Verhalten. Dass ich während unseres Tanzes derart viel empfunden hatte, während solche Szenen zu ihrem Alltag gehörten, schmerzte. Doch es war ein Tanz gewesen, vier Minuten, und außer einer Entschuldigung war sie mir nichts schuldig, das war mir klar.

Die junge Frau hingegen zeigte mit angenehmer Zurückhaltung Interesse an mir. Ich mochte es, wenn wir uns trafen, und verliebte mich allmählich in sie. Ich brachte es nicht zum Ausdruck, denn ich wurde mit meiner Gefühlswelt in einer Intensität konfrontiert, wie ich es nicht kannte. Ich fühlte mich sehr verletzlich und hatte Angst vor dem, was passierte. So zog ich es vor, einfach da zu sein und sie und die Umgebung auf mich wirken zu lassen. Obwohl wir nie darüber sprachen, war ihr klar, dass ich in meinem Zustand eine sanfte Mischung zwischen Nähe und Distanz benötigte. Was geschehen würde, wenn sie die Geduld verlieren und mir körperlich näher kommen würde, war nicht vorherzusehen. Ich war zweifellos fasziniert von ihr, hatte aber Angst vor der Welt, in der sie sich bewegte, und war überfordert. Ein wundervoller Mann begehrte mich und trug mich auf Händen. Ich liebte ihn, wir hatten eine gute Beziehung, und ich konnte mir ein Leben ohne ihn nicht vorstellen. Ich wollte ihn – ja, ich wollte uns – nicht verlieren, und so entschied ich mich, den Frauen und so auch ihr erst einmal aus dem Weg zu gehen.

Es war Samstagnachmittag, als das Telefon klingelte. Fünf Monate waren vergangen, seit ich sie das letzte Mal gesehen hatte. Ich glaubte sie längst weit weg – körperlich und emotional. Doch da war sie wieder, die rauchige Stimme, ganz plötzlich, ganz nah, am anderen Ende der Leitung. Mir kam es vor, als hätte ein kräftiger Wind das Fenster aufgestoßen und die letzten fünf Monate weggeblasen. Mir war klar, dass ich dieser Geschichte zu plötzlich den Rücken gekehrt hatte. Sie rief mich aus einer Telefonzelle in der Nähe meines Wohnorts an und wollte mich sehen. Wir trafen uns gleich nach dem Telefongespräch. Mein Freund begleitete mich, da wir dieses Wochenende zusammen verbrachten.

Wir stiegen in den nächsten Zug und fuhren in die Stadt. Die Stimmung war etwas merkwürdig, etwas angespannt. Ich spürte, dass diese Begegnung ungewöhnlich ernst war. Wir gingen wie gewohnt in die Bar, und um mich etwas besser zu fühlen oder die Situation besser auszuhalten, bestellte ich erst einmal ein Bier. Dann ein zweites ... ein drittes ...

Die Zeit verging, ich trank, und da tat sie etwas, was ich nie und nimmer erwartet hätte. Sie forderte eine Entscheidung: mein Freund oder sie. Ganz plötzlich. Wie aus dem Nichts. Wir hatten nie zuvor über Gefühle gesprochen und waren uns auch körperlich nicht näher gekommen. Natürlich hatte sie

Interesse an mir gezeigt, doch immer mit einer kalkulierten Zurückhaltung. Sie hatte keine Chance ausgelassen, mich mit Worten zu beeindrucken, hatte mich ständig auf Getränke eingeladen. Mich verwöhnt. Doch ich wusste nie, wer sie wirklich war, was sie empfand, und schon gar nicht, was sie von mir wollte. Dann, nach fünf Monaten dieser Anruf, dieses Treffen und diese Forderung. Ich war noch immer verliebt in sie, das fühlte ich deutlich.

Ich verließ das Lokal mit meinem Freund, um mit ihm darüber zu reden. Also eigentlich weinte ich nur. Wir hielten uns fest im Arm, ganz lange, und auch er weinte. Schließlich schluchzte ich, dass ich ihn lieben würde, dass ich mein Gefühlschaos aber nicht mehr länger ertrüge und ich endlich erfahren müsse, wie sich eine Frau anfühle. Es war ein schwerer Moment – für uns beide –, doch er verstand es und ging.

Ich kehrte in die Bar zurück und trank weiter. Ich fühlte mich alles andere als wohl und war mir auch nicht sicher, ob ich die richtige Entscheidung getroffen hatte. Dennoch musste ich es tun. Sie schien es mir wert zu sein. Sie dachte nach fünf Monaten Funkstille noch immer an mich und mehr noch, sie sprach nach dieser Zeit erstmals aus, dass sie Gefühle für mich hatte.

Gegen vier Uhr morgens, als das Lokal schließlich schloss, spazierten wir gemeinsam durch die Dunkelheit. Sie legte ihren Arm um mich und berührte mich damit das erste Mal. Sie war viel kleiner und zierlicher als ich. Es war eine angenehme, eine sehr schöne Situation, und ich fühlte mich endlich etwas wohler. Ich trank an diesem Abend eindeutig zu viel, fühlte mich aber keineswegs betrunken. Alles erschien mir nun klar, als wäre ich endlich aus meinem Traum erwacht. Es war spät, also eigentlich früh, und um sicher nach Hause zu kommen, wollte ich mir ausnahmsweise ein Taxi leisten. Sie meinte aber, dass ich bei ihr schlafen solle, und versicherte mir zugleich, dass sie mich nicht anfassen würde. Also schlenderten wir gemeinsam weiter bis zu ihr nach Hause. Eigentlich brauchte ich ihr Versprechen nicht, aber bei ihr zu Hause angekommen, wurde schnell deutlich, dass sie nicht einmal daran dachte, ihr Wort zu halten.

Wir legten uns gleich auf ihr Bett. Das Kopfteil bestand aus zahlreichen senkrechten Stahlstangen, was mir in dieser Situation natürlich gut gefiel. Sie kam ungewohnt, bestimmt auch unpassend schnell zur Sache und zog mir, ehe ich mich's versah, die Hose aus. Doch ich ließ es zu, weil ich unheimlich erregt war und nichts anderes wollte, als von ihr geliebt zu werden. Sie berührte mich nur mit ihren Händen, blieb mit ihrem Körper auf Distanz und zögerte, mich zu küssen, was mich sehr irritierte. Ich sehnte mich nach ihr, ich verstand ihre kühle Distanz nicht. Mein Körper suchte ihren, ebenso tat es mein Mund auf der Suche nach ihren Lippen. Geschickt wich sie mir aber aus und blockte alles ab, was von mir in ihre Richtung kam. Ich ergriff noch ein paar Mal die Initiative, doch sie gab mir deutlich zu verstehen, dass sie alleine bestimmte, was in dieser Nacht geschah. Irgendwie fühlte ich mich verletzt, aber zugleich kam es mir entgegen, dass sie nichts von mir erwartete.

Es war mein erster Sex mit einer Frau, dementsprechend bewegte ich mich auf unbekanntem Terrain. Trotzdem waren meine Erregung und die Lust auf sie enorm. Ich war verliebt in diese Frau und gestand mir derartige Gefühle vielleicht zum ersten Mal ein. Ich fühlte mich frei, und meine Sehnsucht, diese Verliebtheit auch endlich zu leben, war groß.

Ohne Vorbereitung kniete sie sich zwischen meine Beine, fuhr mit ihrer Hand von unten mein Bein entlang in meine Shorts und stieß mit zwei Fingern ohne zu zögern in mich hinein. Ich war extrem nass, was sie womöglich ermutigte, es mit dieser Heftigkeit zu tun. Trotz der Nässe tat sie mir weh, und auch die Bewegungen, die nach dem Eindringen folgten, waren nicht gerade feinfühlig: Sie fuhr mit ihrer Hand grob vor und zurück, stieß kräftig in mich hinein und drückte beim Eindringen ihre Finger fest an die vordere Seite meiner Scheidenwand. Ich war hin und her gerissen zwischen Lust und Schmerzgefühl. Ich sehnte mich nach einer Verschmelzung unserer Körper und streckte ihr meinen entgegen. Sie dagegen war nur auf meinen Unterkörper fixiert und konzentrierte sich auf ihre Hand- und Fingerbewegungen.

Sie lächelte und schien zufrieden mit ihrem Tun, zufrieden mit sich selbst. Es existierte kein Wir, zumindest nicht für sie. Ich akzeptierte das und bemühte mich, ihren heftigen Bewegungen etwas Lustvolles abzugewinnen. Ich umfasste mit beiden Händen die Stahlstäbe am Kopfende des Bettes, schloss meine Augen und fühlte meinen Körper und meine Lust. Ich wollte erfahren, fühlen und diesen intimen Moment genießen. Ihr zu sagen, dass sie mich zu grob anfasste, brachte ich nicht über meine Lippen. Ihre Gesten und ihr Verhalten waren großspurig und machohaft, und mir fehlte der Mut, sie mit Worten aus ihrem Tun zu reißen. Ich war verliebt, und in mir steckte die tiefe Hoffnung, dass sich die Kälte, die in diesem Moment lag, in Wärme verwandeln würde. Schließlich hatte sie mir zuvor ihre Gefühle gestanden.

Irgendwann wurde es mir doch zu viel und ich nahm ihr Handgelenk und zog ihre Finger aus meiner Scheide. Danach setzte ich mich auf, sodass wir uns auf derselben Augenhöhe befanden. Ich bewegte mich auf sie zu und bemühte mich um ihre Nähe und etwas Behutsamkeit. Ich berührte sie sanft an ihrem Oberkörper, und schließlich ließ sie flüchtig einen Kuss zu. Dadurch wuchs meine Leidenschaft, eine wirkliche Intimi-

tät zwischen uns aber fehlte und ebenso das ersehnte Wohl-
gefühl. Die Spannung in meinem Kopf stieg und zeitgleich
auch in meinem Körper. Ich lag mit einer Frau, mit dieser Frau
im Bett und hatte Sex, was als Tatsache schon großartig war.
Dennoch erfüllte es mich nicht. Ich verstand das nicht. Meine
Gefühle stauten sich, die Anspannung stieg. Meine Shorts, die
ich außer dem T-Shirt noch immer trug, waren völlig durch-
nässt. Ich wollte sie! Was ich jedoch bekam, war harter Sex.

Ich legte mich auf den Bauch, und sie genoss es, mich von
hinten zu penetrieren, während ich meine Klitoris rieb. Ich
wollte zum Höhepunkt, denn die Anspannung schmerzte.

Irgendwann legte ich mich auf sie und rieb mich an ihrem
Bein, bis der Orgasmus, bis die Befreiung endlich kam. Ich
nahm mir diese Nähe und nahm mir ihren Körper. Sie trieb
mich dazu. Obwohl sie weit von diesem Hochgefühl entfernt
war, schien sie viel erfüllter, als ich es war. Wir lagen neben-
einander auf dem Bauch und sahen uns an. Während ich mich
sammelte, fing sie sogleich mit dem Reden an. Sie erzählte mir,
wie genau sie die Bedürfnisse der Frauen kenne, sprach über
multiple Orgasmen und darüber, wie viele Frauen sie schon
dahin geführt habe. Ich lauschte traurig ihren Worten und
fragte mich unaufhörlich, warum sie das tat. Vorher hatte
sie genau gewusst, wann Worte angebracht waren, und ausgerechnet in dieser Nacht fehlte ihr jegliches Feingefühl.

Es war bereits Morgen. Ich hatte mir freigenommen, sie
aber musste zur Arbeit. Ohne zu schlafen, verließen wir also
ihre Wohnung. Unsere Wege trennten sich an der Tramstation,
und ich fragte mit einer traurigen Zurückhaltung, wann wir
uns das nächste Mal treffen würden. Sie erklärte mir, dass sie
in den nächsten Tagen keine Zeit finden würde, versprach mir
aber, sich bei mir zu melden. Ich verstand, nahm es wortlos
zur Kenntnis und wusste, dass das in Wahrheit Lebewohl hieß.

Unausgelebte Sehnsüchte

Edith, 65

Zum Glück habe ich ein erstes Mal mit einer Frau erlebt! Was hätte ich in meinem Leben verpasst, wenn es nicht dazu gekommen wäre! Zugegeben: Man könnte mich eine Spätzünderin nennen, weil meine Erfahrung noch gar nicht allzu lange her ist. Gerade mal sechs Jahre. 59 war ich zu diesem Zeitpunkt. Aber auch im Alter kann man noch allerhand Neues und Außergewöhnliches erleben und erforschen. Man muss sich nur den Herausforderungen des Lebens stellen und die kostbaren Überraschungen und Gelegenheiten annehmen, wenn sie kommen.

Heute, mit meinen bald 66 Jahren, kommt mir diese Weisheit ziemlich locker über die Lippen, weil ich mich als Mensch erfüllt habe. Weil ich so intensiv und ausgiebig gelebt habe, dass ich wirklich behaupten kann, alles erreicht zu haben, was ich mir je vorgenommen und erträumt habe, und noch viel mehr. Natürlich habe auch ich mein Leben und all die damit verbundenen Höhen und Tiefen vor zehn Jahren noch mit anderen Augen gesehen. Mit viel ernsteren Augen. Immerzu habe ich über oftmals unwichtige Probleme und mögliche Konsequenzen meiner Handlungen nachgedacht. Im Alter relativieren sich solche Gedanken. Man blickt auf all das zurück, was einem das Leben geschenkt hat. Auf die guten Dinge, die man geleistet hat, aber auch die weniger guten, zu denen man sich über die Jahre hat hinreißen lassen. Und dann denkt man sich: Hey, ich lebe noch. Und wie ich lebe!

Die gedankliche und auch emotionale Distanz zu diesen Vorkommnissen, die über die Jahre wächst, legt sich wie ein dichter Teppich über die Ängste und Zweifel der jüngeren Jahre und erstickt sie und gibt einem Kraft, die man benötigt, um sich den Aufgaben zu stellen, die mit dem Alter kommen: Die Gebrechlichkeit. Der physische Zerfall. Die Abhängigkeit. Die Einsamkeit. Der Tod. Das sind manchmal so bedrückende Themen, dass im Vergleich das Gepäck des jungen und mittleren Alters geradezu federleicht erscheint. Aber wie gesagt: Alles ist relativ. Es gehört zum Leben dazu, dass man sich sorgt, dass man all diese Episoden durchmacht. Wüsste ein Zehnjähriger schon, was ich heute mit meinen 65 weiß, was wäre dann der Sinn des Lebens?

Altern ist erfüllend und beruhigend. Nur gegen eins wehre ich mich mit aller Kraft: diese heimtückische Müdigkeit, die mit dem Alter zunimmt und einem die Lebensfreude zu rauben droht. Die Gier nach Erfahrungen nimmt fast unmerklich ab, aber dabei gibt es noch so vieles, in das ich mich stürzen und das ich erleben möchte. Ich bleibe aktiv, weil ich schon immer ein Energiebündel war und es auch bleiben möchte. Weil ich mich nur so lebendig fühle. Und das trifft auch auf meine Sexualität zu. Mein sexueller Appetit ist nicht mehr vergleichbar mit dem von früher, aber auch heute ist Sex ein wichtiger Bestandteil meines Lebens, auf den ich nicht freiwillig verzichten möchte. Trotz meines Alters bin ich experimentierfreudig und neuen Erfahrungen gegenüber offen geblieben. Sonst hätte ich wohl auch mein erstes Mal mit einer Frau nie erlebt, und das wäre wirklich schade gewesen.

Natürlich wünschte ich mir im Nachhinein, dass ich diese Erfahrung schon früher gemacht hätte – also eigentlich dass ich den Mut dazu schon früher aufgebracht hätte. Viel zu lange habe ich darauf gewartet und dabei einen wichtigen Teil meines Selbst verleugnet. Ich war einfach zu feige. Aber früher war ja auch alles noch ein wenig anders. Zu meiner Zeit hatte man noch nicht die Möglichkeiten, die sich einem heute bieten. Da war es schwer, wenn man »anders« war, vor allem wenn man in einem kleinen, verschlafenen Dorf aufgewachsen ist so wie ich. Ein Dorf, in dem jeder jeden kennt, jeder alles über einen weiß und jeder noch so kleine Schritt sensationslüstern von allen Anwohnern mitverfolgt wird.

Ich habe ziemlich früh gemerkt, dass meine Zuneigung und mein Interesse eigentlich dem weiblichen Geschlecht galten. Das war in den prüden Fünfzigern, und obwohl Ende der Sechziger die sexuelle Freiheit eingeläutet wurde, kam für mich diese Wende zu spät. Zu tief hatten sich die konventionellen Werte meiner Umgebung in mein Gedankengut gebrannt. Hätte sich mir die Gelegenheit schon früher geboten, wer weiß, wie alles gekommen wäre.

Ich wusste zwar tief in meinem Inneren, dass ich mich eher zu Frauen hingezogen fühlte, und hatte persönlich auch nicht das geringste Problem, dies für mich zu akzeptieren. Doch angesichts meiner familiären Situation schien es mir ein Ding der Unmöglichkeit, mich aus den Fesseln der gesellschaftlichen Erwartungen zu befreien. Ich war einfach zu jung, zu manipulierbar, zu verletzlich. Und nichts und niemand ist mir zu Hilfe gekommen. Noch nicht einmal das Schicksal, das mich vierzig lange Jahre hat warten lassen.

So kam es, dass ich wie jedes andere Mädchen während der Pubertät meine ersten zaghaften Erfahrungen mit Jungs machte. Ich unterschied mich von meinen Altersgenossinnen dabei eigentlich nur in einem Punkt: Ich tat es viel exzessiver und schnelllebiger. Man konnte mich auch als Polygamistin bezeichnen, und das war zu dieser Zeit mindestens genauso verpönt wie Homosexualität.

Mit Männern auszugehen und zu schlafen war zwar nicht die vollkommene Erfüllung, aber eine Zeitlang beglückte und befriedigte es mich dennoch. Ich mochte die Männer und fand ihre Gesellschaft oft viel angenehmer als die der ewig komplizierten und zickigen Frauen. Männer waren einfach, direkt und authentisch. Außerdem konnte man mit ihnen so richtig Pferde stehlen, und das gefiel mir in meinen jungen Jahren besonders gut, war ich doch eher ein kleiner Wildfang und konnte selten still sitzen.

Ich genoss es, aber so richtig zu Männern hingezogen fühlte ich mich nie. Doch ich akzeptierte mein Schicksal, und in meinen Zwanzigern war ich ohnehin vornehmlich mit meiner Ausbildung und meiner Karriere als angehende Anwältin beschäftigt. Da hatten Beziehungsgeschichten nur wenig Platz und wenn, dann mussten sie sich so unkompliziert wie möglich entfalten.

Im Nachhinein denke ich, dass ich mich absichtlich so sehr in meine Arbeit gestürzt habe. Ein Workaholic zu sein bot schließlich den perfekten Deckmantel. So kamen meine Freunde und verschiedenen Partner nicht auf die Idee, mein Verhalten weiter zu hinterfragen. Mit »mein Verhalten« meine ich insbesondere meinen Drang nach Unabhängigkeit und meine Weigerung, mit irgendwelchen Männern Zukunftspläne zu schmieden. Doch es war ein Teufelskreis, denn je abweisender ich ihnen gegenüber wurde, desto mehr interessierten sie sich für mich.

Irgendwann geschah das schier Unmögliche doch noch, und einem besonders geschickten Mann gelang es, mich zu einer Heirat und zu einem Kind zu überreden. Überreden ist natürlich das falsche Wort, denn ich liebte Jörg wirklich aus tiefstem Herzen. Ich war 35 Jahre alt und Jörg das, was man einen Traummann nennen könnte. Er war einfühlsam, verständnisvoll, humorvoll, intelligent, kultiviert, unkompliziert, unabhängig und, was am wichtigsten war: unvoreingenommen. Und genau das brauchte ich. Einen Mann, mit dem ich über alles reden konnte – auch, was mich als Person betraf. Unsere Ehe verlief bilderbuchmäßig, und schon nach zwei Jahren erblickte unsere Tochter Lisa das Licht der Welt.

Nachdem ich jahrelang nur auf meine berufliche Karriere fixiert gewesen war, verlangte nun eine neue Herausforderung meine völlige geistige, emotionale und zeitliche Hingabe. Mit Lisas Geburt tat sich eine völlig neue Perspektive auf. Ich begann, die Schwerpunkte in meinem Leben anders zu setzen, und beschloss, für ein paar Jahre meiner Berufslaufbahn den Rücken zu kehren. Ich genoss das Muttersein in vollen Zügen. Nie hätte ich gedacht, dass ein Kind so viel Energie, Lebensfreude und Optimismus vermitteln konnte. Lisa war mein Sonnenschein und Jörg der unheimlich stolze Papa, der kein besserer Vater hätte sein können.

Lisa wuchs zu einer außergewöhnlichen, liebenswerten, ambitionierten und wirklich wunderschönen jungen Frau heran, und ich war stolz auf sie, wie man es als Mutter nur irgendwie sein konnte. Es war nicht selbstverständlich, dass die Teenagerjahre so glimpflich und reibungslos vorbeigingen, doch Lisa gab uns überhaupt keinen Grund für Sorgen. Im Gegenteil: Manchmal erschien sie mir fast zu perfekt und für ihr Alter ausgesprochen vernünftig und weise. Und dann, eines Abends – Lisa und ich saßen auf unserer Hausterrasse und genossen die laue Sommernacht bei einem Glas Holunderblütentee – teilte mir Lisa mit, dass sie sich in ein Mädchen aus ihrer Klasse verliebt habe und sie seit letzter Woche ein Paar seien. Überrascht musterte ich sie, und das Erste, was in mir aufkam, war Verwunderung über ihre verletzliche Ehrlichkeit, über die aufrichtige Direktheit, mit der sie mich mit dieser Tatsache konfrontierte. Auf diese erste Gefühlsregung folgte ein belebendes Hochgefühl. Zu wissen, dass meine Tochter mir so sehr vertraute, dass sie mit allem, was sie beschäftigte, zu mir kam, war für mich der größte Liebesbeweis, den es geben konnte.

Ich nahm Lisa in den Arm und erklärte ihr, dass sie, egal was sie auch tun würde, stets nach ihren Gefühlen und ihrem Instinkt handeln solle. Denn das alleine sei das einzig Richtige und Wichtige. Lisa lächelte mich dankbar an und schmiegte sich an mich. Natürlich konnte ich die mütterliche Neugierde nicht unterdrücken und quetschte sie über diese Freundin und ihr Verliebtsein aus. Sie schien mir in ihrer neu entdeckten Welt so glücklich und sorglos wie nie zuvor.

Als ich an diesem Abend neben Jörg im Bett lag, wurde meine frohe Stimmung zunehmend von Fragen überschattet. Eine seltsame Art von Reue. Reue und vielleicht sogar eine Form von Neid – wenngleich dies ein zu starkes Wort war, das angesichts der Tatsache, dass ich Lisa alles Glück der Welt gönnte, nicht wirklich passte. Trotzdem beschäftigte es mich. Lisa würde all das erleben können, was ich nie durfte. Gerade weil ich wusste, wie wichtig es war, würde ich sie immer unterstützen und ihr nie Steine in den Weg legen. Ich verspürte eine tiefe Traurigkeit über das, was ich verpasst hatte. Zwar hätte ich nie missen wollen, was ich mir in meinem Leben aufgebaut hatte, aber dennoch waren da diese unausgelebten Sehnsüchte, die ich zeit meines Lebens ausgeblendet hatte. Jetzt hatten sie mich eingeholt und würden mich so schnell nicht wieder freigeben.

Ich schlief unruhig und träumte davon, wie ich auf der Flucht vor einer mich verfolgenden Meute mit meinem Auto einen steilen Abhang runterstürze. Während des Sturzes drehte ich mich ein letztes Mal um und erkannte meine Tochter und Jörg inmitten der Menge, die verzweifelt die Hände nach mir ausstrecken und mir mit verzerrten Gesichtern irgendwelche unverständlichen Worte zurufen. Dieser Traum setzte mir so sehr zu, dass es sogar Jörg auffiel. Ich beruhigte ihn und ließ mir Ausreden einfallen. Es kostete mich einiges an Kraft, in den darauffolgenden Wochen meinen Tätigkeiten wie gewohnt nachzugehen. Doch irgendwann kam die Alltagsroutine wieder, und ich fand vorübergehend zu meinem alten Ich zurück.

Etwa fünf Jahre später – Lisa war mittlerweile 23 Jahre alt und hatte sich mit Haut und Haar der Frauenwelt verschrieben – überraschte mich meine Tochter mit einer ihrer berühmt-berüchtigten Ideen. Ich sollte sie und ein paar Bekannte doch auf meine alten Tage zum Christopher Street Day begleiten und einen Eindruck davon erhalten, wie es in der Schwulen- und Lesbenszene so zuging. Schließlich sei ich noch zu jung und knackig, um schon zum alten Eisen zu gehören. Offensichtlich hielt mich meine Tochter für liberal und unerschrocken genug, um die Feier ohne Einbußen zu überstehen. Weil ich ihr nur selten einen Wunsch abschlagen konnte und neuen Erfahrungen gegenüber wie gesagt immer offen war, sagte ich zu.

Wenn ich ehrlich bin, fieberte ich dem Ereignis mit etwas Nervosität und einer fast schon jugendlichen Erregung entgegen. Obwohl ich diesen Teil meines Ichs tief in mir begraben hatte, war er stets präsent gewesen.

Das sollte sich nun ändern. Gierig sog ich das farbenfrohe, schillernde Treiben in mich ein. Die schwulen Männer tanzten ausgelassen und schmissen sich einander hemmungslos an den Hals. Die Drag-Queens stifteten die Besucher mit ihrer Partylaune zum Mitfeiern an. Nur die Lesben – die erschienen mir etwas verhalten und machten den Eindruck einer Randgruppe innerhalb der Randgruppe. Ich würde lügen, wenn ich behaupten würde, dass mich das, was ich da sah, in irgendeiner Weise fasziniert hätte. Eher stiftete es mich zum Nachdenken an. Wieso schienen die homosexuellen Frauen so reserviert, ja fast unzufrieden und ein wenig feindselig im Vergleich zu ihren beschwingten und wohl gelaunten schwulen Genossen? Ich hoffte inständig, dass diese negative Aura nicht auf Lisa abfärben würde. Aber ich wusste, dass ich mir darüber keine Sorgen machen musste – Lisa war gegen Gruppenzwang stets immun gewesen.

Nach einigen Stunden hatte ich mich von der Truppe gelöst, da ich zufälligerweise auf einen ehemaligen Arbeitskollegen gestoßen war und wir beide beschlossen hatten, bei einem Mojito die guten alten Zeiten aufleben zu lassen. Er berichtete mir gerade von den Schwierigkeiten, die er und sein Ehemann durchgemacht hatten, um eine zivile Partnerschaft zu beantragen, als ihn eine junge Frau unterbrach, sich zu mir umdrehte, meine Hand küsste und mir zuraunte: »Hallo Edith, erinnerst du dich noch an mich?«

Ich war völlig verdutzt und blickte die fremde Frau an. Ich konnte mir beim besten Willen nicht vorstellen, woher ich sie kennen sollte, geschweige denn, woher sie meinen Namen kannte. Mein schwuler Bekannter lächelte mir zu und meinte, er wolle das traute Glück nicht stören und würde am Mojito-Stand bei seinem Ehemann auf mich warten. Ich war nach wie vor so perplex, dass ich nicht mal dagegen protestierte und ihn ohne Einwände ziehen ließ.

Ich betrachtete die junge Frau genauer. Im ersten Moment hatte sie auf mich sehr jung gewirkt, doch beim näheren Betrachten schätzte ich sie auf Anfang dreißig. Sie hatte dunkelblondes, mittellanges Haar, das sie streng nach hinten gekämmt trug. Es war mir ein Rätsel, wie sie in ihrer komplett schwarzen Bekleidung bei drückenden dreißig Grad Außentemperatur nicht schmolz. Ich blickte nur für eine Millisekunde in ihre blauen Augen und verlor mich sofort darin. Es gelang mir nicht, ihrem Blick standzuhalten. Ich ließ meinen Blick zu Boden gleiten und fixierte dort zwei Ameisen.

Es durfte doch nicht sein, dass diese junge Person eine solche Reaktion in mir auslöste! Noch war es weder Anziehung noch Lust, sondern nur ein mir absolut unbekanntes Gefühl von Verwirrtheit. Ich atmete tief durch und beschloss, mich auf das Spiel einzulassen. In den Sekunden unseres Schweigens war es mir nämlich wie Schuppen von den Augen gefallen, und ich wusste plötzlich, wem ich diese kuriose Episode zu verdanken hatte. Bestimmt meiner Tochter, die mich wohl aus irgendeiner Ecke in Sichtweite beobachtete und sich krumm lachte. Aber ich würde ihr und ihrer jungen Freundin einen Strich durch die Rechnung machen. Schließlich war ich nicht auf den Mund gefallen und jederzeit für solche Spielchen zu haben.

Ich griff mir die junge Frau, die sich mir als Sandra vorgestellt hatte, drückte sie fest an mich und hauchte ihr mit gespielter Gier ins Ohr, dass ich sie natürlich nicht vergessen hätte und mich auf eine Fortsetzung unseres Treffens freuen würde. Statt der erwarteten Schockreaktion und des verängstigten Rückzugs schaute mich Sandra herausfordernd an und meinte nur: »Jederzeit.« Sie kritzelte ihre Telefonnummer auf einen Zettel, steckte ihn mir zu und verschwand in der Menge.

Der Schuss war definitiv nach hinten losgegangen. Verwirrt suchte ich meinen ehemaligen Arbeitskollegen am Mojito-Stand und berichtete ihm und seinem Ehemann von dem, was eben passiert war. Sie feixten und meinten, ich würde wohl ein ernstes Wörtchen mit meiner Tochter reden müssen. Außerdem sei die Jugend heute wirklich extrem dreist und von sich selbst überzeugt. So eine Aktion vor zehn Jahren?

Nie und nimmer. Da habe man noch Respekt vor der älteren Generation gehabt. Von dieser Seite hatte ich es noch gar nicht gesehen. Doch ich fand die Nummer witzig.

Zu Hause warteten auch schon Lisa und Jörg ungeduldig auf mich – Jörg, der von Lisa bis ins letzte Detail über diesen geplanten Vorfall aufgeklärt worden war – und machten mich für den Rest der Woche zur Zielscheibe ihres Spotts und ihrer Belustigung. Aber so lustig ich die Aktion auch fand, die junge Frau ging mir einfach nicht mehr aus dem Kopf. Ich kann nicht sagen, dass ich mich gut damit fühlte, dass meine Gedanken zum ersten Mal, seit ich mit Jörg zusammen war, einer anderen Person galten. Und dann auch noch einer weiblichen.

Außerdem war sie im Vergleich zu mir noch blutjung und zudem eine gute Freundin von Lisa – wie ich zu Beginn glaubte. Es stellte sich jedoch heraus, dass Lisa sie nur flüchtig kannte, da Sandra die Uni schon vor einiger Zeit abgeschlossen hatte und Lisa selbst erst im dritten Jahr des Medienwissenschaftsstudiums immatrikuliert war. Das mit der Telefonnummer schien übrigens nicht Teil des Plans gewesen zu sein, da Lisa ziemlich verdutzt schaute, als ich ihr davon erzählte.

Es verstand sich von selbst, dass ich Sandra nicht kontaktieren konnte. Damit würde ich mich nur lächerlich machen. Dennoch begann mich Sandras Bild immer penetranter zu verfolgen. In meinen Gedanken. In meinen Tagträumen. Auch nachts, wenn ich durch unser Schlafzimmerfenster die Sterne betrachtete und an unsere Begegnung dachte. Ihre Umarmung. Diese Wärme. Diese Intensität, die von diesem gewöhnlichen, hundertmal zuvor durchgeführten Begrüßungsritual ausgegangen war. Diese tiefblauen Augen, die mich nicht nur ansahen, sondern direkt in mich hineinzuschauen schienen.

Es war an einem Samstagnachmittag, als mir Lisa so ganz nebenbei mitteilte, dass sie ein paar Freundinnen zum Abendessen und darauffolgenden Pyjama-DVD-Marathon eingeladen hatte. Ich stutzte gerade die Rosensträucher unseres Gartens, als sie mit ungefähr sieben anderen Mädels angetrabt kam. Von der anstrengenden Gartenarbeit völlig schmutzig und verschwitzt, erhob ich mich etwas unelegant aus meiner gebückten Haltung, um die Gäste zu begrüßen, als ich sie plötzlich sah: Sandra.

Ich war mir sicher, dass mein Herz genau in diesem Moment aussetzte. Ich wischte mir den Schweiß von der Stirn und versuchte, mir meine kurzzeitige Verstörtheit nicht anmerken zu lassen, indem ich Sandra zwar mit einem »Ich erkenn dich wieder und nehme es sportlich«-Lächeln begrüßte, mich jedoch sofort dankbar in ein lockeres Gespräch mit den anderen, mir unbekannten weiblichen Gästen verwickeln ließ.

Es war schwierig, Sandra an diesem Abend aus dem Weg zu gehen. Sie schien keine Versuche zu unternehmen, sich mit mir auseinanderzusetzen, sondern beließ es bei einem flüchtigen und doch eindringlichen Augenkontakt. Immer wieder ohrfeigte ich mich innerlich. Es durfte einfach nicht sein. Diese Gefühle durften einfach nicht sein!

Nach dem Abendessen und vor Beginn der DVD-Session verstreuten sich die Mädels in und außerhalb unseres Hauses. Einige platzierten sich in freudiger Erwartung gemütlich auf dem Wohnzimmer-Sofa, die anderen gönnten sich im Garten eine Verdauungszigarette. Als pflichtbewusste Hausfrau widmete ich mich dem dreckigen Geschirrberg in der Küche.

»Kann ich Ihnen behilflich sein?« Ich erkannte die Stimme sofort wieder und ließ ungeschickt den Plastikbehälter fallen, den ich gerade in den Händen hielt. Ich verharrte etwas allzu lange in einer Art Schockstarre, bevor ich mich zu ihr umdrehte und sie wortlos ansah. Ich versuchte es mir auszureden – doch es hing was in der Luft.

Sandra kam zögernd auf mich zu, kniete sich vor mich hin und reichte mir den fallen gelassenen Plastikkrug. Dabei machte sie einen Schritt nach vorne, bevor sie sich langsam erhob und nur wenige Zentimeter vor meinem Gesicht haltmachte. Ich konnte ihren Atem spüren. Sie öffnete leicht ihren Mund, als wollte sie was sagen, schloss ihn dann wortlos wieder und fixierte mit ihren Augen meine Lippen. Dabei biss sie sich neckisch auf ihre Unterlippe, lächelte kurz. »Haben Sie Lust auf eine Zigarette oder sind Sie Nichtraucherin?«

Das Gesieze irritierte mich – diese Mischung aus Distanziertheit und Verbotenem. Ich war Gelegenheitsraucherin, und dies schien mir die optimale Gelegenheit. Ein Ausnahmezustand, der mein gesundheitsschädigendes Verhalten bestimmt rechtfertigte. Wir begaben uns nach draußen auf die Terrasse, da der Garten vom paffenden Drittel der anderen Mädchen beschlagnahmt worden war. Ich wollte mehr über Sandra erfahren, und darum ließ sie sich nicht zweimal bitten, sondern plauderte munter drauflos. Nicht wahllos und willkürlich, sondern überlegt und wortgewandt. Sie erstaunte mich mit jedem ihrer Sätze aufs Neue. Sie hatte diese beruhigende, etwas tiefe Stimme, der man stundenlang lauschen konnte. Ich war verwundert darüber, wie reif und erfahren sie trotz ihres jungen Alters schien – und hilflos der von ihr ausgehenden Faszination ausgeliefert.

Ich versuchte, meine Begeisterung zu zügeln, aber Sandra konnte mich immer wieder aus der Reserve locken. Es knisterte zwischen uns. Und wie! Ich wusste vom gefährlichen Pfad, auf den uns unser Tun führen würde, doch es war so lange her, dass ich zuletzt in ein Geschäker verwickelt war. In ein hiermit vergleichbares erst recht nicht. So ließ ich es geschehen und vergaß die Welt um mich herum. Meine Tochter. Ihre Freunde. Die Tatsache, dass ich auf der Terrasse meines Familienheimes stand. Jörg – der ohnehin auf Geschäftsreise war. Aber auch wenn er anwesend gewesen wäre, hätte das nichts an der Situation geändert.

Es war nur ein flüchtiger Moment … Ein Moment, in dem ich gerade den magisch leuchtenden Halbmond betrachtete, als mich Sandra unvermittelt küsste, sogleich aber wieder von mir abließ, mich mit weit aufgerissenen Augen ansah. Sie hatte sich selbst mit dieser Aktion überrascht. Mehr wohl noch als mich.

Sandra entschuldigte sich für ihr respektloses, ungezügeltes Verhalten. Sie wisse nicht, was in sie gefahren sei. Ich legte meine Hand auf ihre, schaute sie schweigend an und zog ihren Oberkörper näher zu mir. Sandra ließ es geschehen, und so verharrten wir für einige Sekunden in der Position, bis mich die Realität abrupt einholte und mir klar wurde, wo ich war und was sich da gerade abspielte.

Ich verließ wortlos die Terrasse und setzte mich für einen kurzen Moment zur Mädchentruppe ins Wohnzimmer, die von alledem nichts mitbekommen hatte und deren Filmkommentare mich ablenkten. Als ich mich wieder zurück in die Küche begab, lag da ein Zettel auf der Spüle: »Bitte ruf mich an.« Sandra hatte die Party verlassen. Ich setzte mich erneut auf die Terrasse und rauchte eine Zigarette nach der anderen. Dabei wurde mir eins klar. Ich war machtlos. Und ich würde es tun. Ich würde sie anrufen, weil ich mir nichts sehnlicher wünschte, als sie noch einmal zu küssen!

Und genau das tat ich. Obgleich die Wirkung unseres Kusses nachgelassen hatte, war ich wie infiziert. Wir trafen uns die Woche darauf in einer kleinen Bar am See, etwas außerhalb von Zürich, wo wir garantiert keinen bekannten Gesichtern über den Weg laufen würden. Sandra war diejenige gewesen, die diesen abgelegenen Ort vorgeschlagen hatte, sie hatte genug Feingefühl und Verständnis für meine Situation. Ich war nervös und aufgeregt wie ein kleines Kind vor Weihnachten. Ich hatte aufgehört, mir auszumalen, wohin das alles führen könnte und was an diesem Nachmittag wohl geschehen würde.

Ich lebte einzig und allein in diesem Moment, und alles, was ich wusste, war, dass ich Sandra sehen musste und jede einzelne Faser meines Körpers darauf drängte, dieses Unbekannte, dieses Verbotene, dieses verführerisch Exotische zu entdecken. Jörg erzählte ich, dass ich mich mit einer alten Bekannten traf und dass er nicht mit dem Essen auf mich warten solle, da es sicherlich ziemlich spät werden würde.

Sandra sah umwerfend aus, und der Anblick ihres perfekten Mundes brachte mich in Gedanken zurück zu diesem berauschenden Kuss auf meiner Hausterrasse die Woche zuvor. Ich begrüßte sie mit einer langen Umarmung, die sie nicht weniger fest erwiderte. Es gab kein Eis mehr zu brechen. Es gab auch gar nicht wirklich viel zu besprechen, weil wir stillschweigend wussten, was Sache war, und die Magie des Momentes – nein, vielmehr der gesamten Konstellation – nicht durch unnötige Worte zerstören wollten.

Nach einer Flasche Wein an der Bar beschlossen wir gemeinsam, im Restaurant nebenan zu Abend zu essen. Die Zeit verging wie im Fluge, und als ich auf meine Armbanduhr blickte, stellte ich mit etwas Traurigkeit fest, dass es bereits 22 Uhr war und sich unser Treffen unaufhaltsam dem Ende neigte.

Doch ich wollte sie noch nicht gehen lassen. Irgendwas in mir schrie danach, bei ihr zu bleiben. Ich dachte dabei nicht in erster Linie an Körperlichkeiten. Nicht, weil ich es mir nicht wünschte. Es lag vielmehr an meiner Unsicherheit. Schließlich war ich mir des großen Altersunterschieds und unserer körperlichen Verschiedenheiten – besonders was Elastizität und Fülle anging – durchaus bewusst. Ich hatte versucht, mir diese Ängste und Zweifel aus dem Kopf zu schlagen, doch es war mir nicht vollständig gelungen, und so hatte ich beschlossen, auf alles zu verzichten, was über Küssen hinausging.

Sandra schien von meinem unausgesprochenen Vorsatz nicht viel zu halten, denn auf dem Weg zurück zu unseren Autos, die wir ein wenig abseits des Restaurants in der Nähe eines mittlerweile dunklen Parks abgestellt hatten, riss sie mich stürmisch zu Boden und fing halt- und hemmungslos an, mich mit Küssen zu bedecken. Ich ließ es nach anfänglichem Zögern geschehen, blendete alles andere aus und konzentrierte mich nur noch auf Sandras Berührungen. Es war fantastisch! Sandras offene, zügellose Lust nahm mir jegliche Gehemmtheit.

Und so erlebte ich mit knapp sechzig Jahren mein erstes Mal mit einer ziemlich jungen Frau – auf dem Rasen eines Seeparks. Ich hätte auf meine reiferen Tage nie damit gerechnet, dass ich noch in den Genuss dieser Erfahrung kommen würde. Ich bin so unendlich dankbar dafür. Wenn sie auch spät kam, so hat sie mir ein jahrelang ignoriertes Fragment meines Ichs zurückgegeben. Hätte ich bloß nicht so lange gewartet! Im Nachhinein ist man immer schlauer. Aber möglicherweise wäre es zu einem anderen Zeitpunkt, mit einer anderen Frau nicht zu diesem denkwürdigen, einschneidenden Ereignis geworden, das es war.

Ich habe Jörg nicht verlassen, ihm aber von meinen Gefühlen einer Frau gegenüber erzählt – das Alter habe ich nicht erwähnt. Ich habe auch Lisa davon erzählt. Sie nahm diese Nachricht zuerst verständnislos und ablehnend auf – sie fühlte sich, als hätte ich sie eines Teils ihrer Individualität beraubt. Mittlerweile hat sie sich beruhigt, und wir können zusammen nach Frauen Ausschau halten. Dass es sich bei meiner Affäre um ihre Bekannte Sandra handelte, habe ich ihr nie erzählt.

Sandra. Sie ist und bleibt die Erste. Wenn vielleicht auch nicht die Letzte. Wir haben uns nach dieser Episode im Park drei Jahre lang regelmäßig getroffen, bis sie eine Entscheidung von mir verlangte. Keine Alles-oder-nichts-Entscheidung, sondern lediglich eine Zukunftsperspektive. Doch das konnte ich nicht, und deswegen musste ich sie schweren Herzens ziehen lassen. Es fiel mir schwer, und ich tat es nicht nur für mich, sondern in erster Linie für sie. Ich wusste um die Probleme unserer Beziehung. Der Altersunterschied. Die Lebensumstände. Sie wäre daran zerbrochen. Viel eher als ich.

Von Cybersex und Lesbenpartys

Rebecca, 29

Ich erinnere mich noch genau an mein erstes Mal mit einer Frau. Wie könnte ich es jemals vergessen? Eigentlich weiß ich gar nicht mehr, was der Auslöser für meine plötzliche Neugierde auf Frauen war. Es kam von einem Tag auf den anderen. Wie über Nacht. Vielleicht war mir einfach langweilig? Vielleicht war es, weil mir Paula, eine gute Freundin, vom Outing ihrer Mitbewohnerin erzählt hatte. Es könnte durchaus sein, dass mich das zum Denken angeregt hat. Keine Ahnung. Es ist auch egal. Alles, was ich in dem Moment wusste, war, dass ich »es« unbedingt ausprobieren wollte, und dafür war ich bereit, so ziemlich alle Hebel in Gang zu setzen.

Dem ersten und größten Problem stand ich gleich zu Beginn gegenüber: Wie würde ich bloß eine attraktive Frau finden, die mich anziehend fand und die zudem bereit war, mich in die Geheimnisse der Frauenerotik einzuführen? Schließlich kannte ich keine, von der ich offiziell wusste, dass sie lesbisch war.

Gelobt sei der Fortschritt, denn wie sonst setzt man sich mit dieser »Spezies« in Kontakt? Es gibt nichts Schwierigeres, trotz der »offenen und toleranten« Zeit, in der wir leben, als Gleichgesinnte zu finden, denen man diskret und hemmungslos seine Fantasien schildern und mit denen man sie gegebenenfalls auch ausleben kann. Losgelöst von jeglichen Moralvorstellungen und Hemmungen das tun, worauf beide Lust haben. Egal wie pervers und abnormal es den anderen erscheinen mag. Trotz der zahlreichen Möglichkeiten, die sich einem heute anbieten, ist es immer noch schwer, die richtige Person dafür zu finden. Doch manchmal hat man Glück und wird fündig. So wie ich.

Ich hatte die Wahl zwischen Internet, Annoncen oder direktem Ansprechen. Annoncen? Nein, wer wusste schon, was für Psychopathen hinter vermeintlichen Interessenten stecken könnten, außerdem wollte ich vorher gerne ein Foto der Frau sehen. Nur so aus Neugierde. Ansprechen? Ja klar, wie sollte ich mir das denn vorstellen: »Hey, hallo du, ich hätte Lust, mal Sex mit einer Frau auszuprobieren. Hättest du eventuell Lust auf meine perversen Fantasien?« No-Go! Da kam mir das Internet gerade wie gerufen.

Ich loggte mich in den erstbesten Chat-Room ein, den mir Google ausspuckte, und es vergingen auch keine zehn Minuten, und schon hatte eine angebissen – angelockt durch meine unmissverständliche Message. Oder war es letzten Endes nur ein voyeuristischer Perversling, der sich als Frau ausgab? Man wusste es ja nie so genau im Chat, aber das war mir in dem Moment egal. Ich hielt vehement an der Wunschvorstellung fest, dass hinter dem Pseudonym eine sexy Frau steckte, die unbedingt von mir verführt werden wollte. »Schwarze Teufelin« war ihr Chat-Pseudonym. Sehr vielversprechend, wie ich fand.

Ich hatte schon immer eine Vorliebe für das Obskure und Schwarze, das Mysteriöse und Undurchsichtige, und so erstaunt es nicht, dass der Name dieser virtuellen Unbekannten sofort meine Neugierde weckte. Neugierig machte ich mich ans Werk. Ich wollte, dass sie sich so sehr nach mir verzehrte, dass sie mich auch außerhalb des Chats kennenlernen müsste. Was ich damit tatsächlich bezweckte, wusste ich in dem Moment zwar noch nicht, aber ich war offen und abenteuerlustig und ließ mich gerne überraschen.

Ich sollte eigentlich gerade für meine Zwischenprüfungen in Rechtswissenschaft büffeln, doch aus irgendeinem Grund – die Materie war einfach todlangweilig – konnte ich mich nur schlecht dazu motivieren. So tummelte ich mich lieber auf der Chatplattform und schmierte meiner neu gefundenen »Liebe« Honig um den Mund, buhlte um ihre Aufmerksamkeit und versuchte mich mehr oder minder schüchtern in meinen ersten Flirtversuchen mit einer Frau. Natürlich stets im Schutze der wohl behüteten Anonymität des Chats.

Schwarze Teufelin: *Probieren wir doch mal was Neues! Die Kerzen brennen, im Hintergrund läuft Barry White, langsam ziehe ich dir das T-Shirt aus, streife es über deine gebräunte Haut, die sich unglaublich seidig, sanft und warm anfühlt. Ich knabbere zärtlich an deinen Brüsten. Hauche dir einen Kuss auf den Nacken und gleite mit meinem Mund langsam weiter zu deiner Muschi. Mit kreisenden Bewegungen beginne ich mit meiner Zunge deine …!*

Moment! Was schrieb sie da genau für Sachen? Zunge? Muschi? Kreisende Bewegungen? Etwa Oralsex? Mein Gesicht verzog sich vor Ekel. Der bittere Geschmack der Realität hatte mich eingeholt. Plötzlich sah ich mich mit ihren wahren Intentionen konfrontiert, die ja – eigentlich – auch zu meinen passten. Das war es doch, worauf ich gewartet hatte! Wieso sonst suchte ich im Chat nach lesbischen Frauen? Warum schockte mich das jetzt also so sehr? Und das war ja noch nicht mal der Anfang. Was würde mich noch alles erwarten?

Schwarze Teufelin: *Ach komm schon! Sei nicht so spießig. Ignorier deine Ängste einfach, lass dich gehen.*

Die Gute hatte ja vielleicht Nerven. Von wegen einfach mitmachen. Aber wenn ich diese Erfahrung wirklich machen wollte, blieb mir nichts anderes übrig. Außerdem soll man sich seinen Ängsten ja bekanntlich stellen. So nahm ich meinen ganzen Mut zusammen, denn ich wollte mir schließlich nicht die Blöße geben oder gar als Spießer dastehen, und haute vorerst noch etwas zaghaft, dann immer mutiger in die Tasten.

Ich: *Ich küsse dann langsam deinen Hals und gleite mit meiner Zunge runter zu ...*

Schwarze Teufelin: *Jaaahhh, mehr, komm schon, Baby, befriedige mich mit deiner Zunge. Leck mich! Leck mich!*

Ah okay, es schien ihr zu gefallen. War ja alles gar nicht so schlimm. Ich musste einfach nur mein Gehirn ausschalten.

Anfänglich noch gehemmt, bearbeitete ich schon ein paar Tage später wie eine Wilde die Tasten. Nicht nur das. Ich hatte erfahren, dass man diese perversen Chat-Schreibereien Cybersex nannte, und ich mutierte geradezu zur Cybersex-Spezialistin, mit dem Synonym-Wörterbuch als ständigem treuen Begleiter. Ich wollte ja schließlich meine Unbekannte mit immer neuen fesselnden Worten zum Erbeben bringen.

Ich fing an, richtig Gefallen am Cybersex zu finden. Auf eine seltsame Art und Weise fand ich es befriedigend. Vor allem, weil keine wirkliche Gefahr von diesem harmlosen Tippen ausging.

Ich konnte beruhigt meine geheimsten Wünsche aufleben lassen, ihnen sogar Worte verleihen. Ganz ohne den Druck der realen Umsetzung. Das Ganze hatte nur einen klitzekleinen Haken. Achtzig Prozent dieser Chatter verfügten über einen aktiven Wortschatz von etwa zwanzig Wörtern. Synonyme und Ähnliches existierten nicht, und wenn, dann waren sie ziemlich schnell mal aufgebraucht, was mit andern Worten hieß: unendliche Langeweile!

Nach knapp zwei Wochen war Schluss mit meiner literarischen Erotikphase. Die Worte und Fantasien waren auch mir ausgegangen. Meiner Angebeteten schon lange. Sie hatte nach dem dritten Mal aufgehört, mich zu beglücken, und war zu einem Schreib-Phlegma mutiert. Mir kam das gerade recht, der Cybersex war ja auch nur dazu da gewesen, mich langsam an das Thema Lesbensex heranzutasten. Jetzt war die Zeit gekommen, Nägel mit Köpfen zu machen!

Wenn ich zurückblicke, war dieser kleine, in dem Moment fast unwesentliche Schritt wegweisend für all die Geschehnisse, die in den vier Jahren darauf noch folgen sollten. Ohne die Mutprobe im Internet wäre ich wohl heute ganz woanders. Wenn man im Vornherein wüsste, dass eine so unbedeutend erscheinende Maßnahme so viel verändern kann, würde man es sich wohl zwei- oder dreimal überlegen, ob man es wirklich tun soll. Ich aber würde es nie missen wollen und bin dankbar für die Erfahrung und den neuen Weg, den ich durch sie einschlagen konnte.

Wie erwähnt, war dieser Cybersex auf Dauer nicht sehr befriedigend und diente einzig und allein meiner mentalen Vorbereitung. Und schon bald bekam ich die Gelegenheit, auch im realen Leben Gebrauch von meinem neuen Erfahrungsschatz zu machen. Meine Freundin Paula hatte nämlich, wie ich später erfahren sollte, ihrer lesbischen Mitbewohnerin Anne von meinem Interesse am weiblichen Geschlecht erzählt, und beide hatten draufhin beschlossen, gemeinsam mit mir auf eine »Frauenparty« zu gehen. Zu diesem Zeitpunkt wusste ich jedoch noch nichts von meinem Glück.

Samstag gegen neun Uhr abends klingelte das Telefon. Es war Paula, die fragte, ob ich Lust hätte, sie und Anne auf eine »Hits and Shits«-Party zu begleiten. Sie war dort mit einem Typen verabredet, fühlte sich aber außerstande, alleine hinzugehen, und würde zur Unterstützung dringend meine Anwesenheit benötigen. Wie hätte ich ihr diesen Wunsch auch abschlagen können, zumal ich sowieso nichts für diesen Abend geplant hatte? Also reiste ich eine knappe Stunde später zu ihr nach Zürich – immerhin 130 Kilometer von meinem damaligen Wohnort Bern entfernt. Ich war noch nie in diesem Club gewesen, doch er gefiel mir auf Anhieb. Drinnen fand ich mich in einer riesigen umgebauten Turnhalle wieder. Die Bude war gerammelt voll. Diie Location gefiel mir, und auch die Musik, die lief, war einigermaßen akzeptabel.

Und doch war irgendetwas faul an der Party. Es verging noch etwa eine Viertelstunde, bis ich – Naivität war mein zweiter Vorname – begriff, was los war.

Wie soll man sich eine prototypische Lesbe vorstellen? Kurze Haare? Flanellhemden? Hochwasserhosen und Birkenstöcke? Die oft zitierte Traktorfahrerin? Punkig, mit Piercings und Tattoos? Oder doch eher wie Sharon Stone in *Basic Instinct*?

Wenn man sich nicht wirklich mit dieser Thematik auseinandergesetzt hat, entwickelt man auch keine wirkliche Vorstellung, höchstens Stereotypien davon, wie eine Lesbe aussehen könnte. Und über so etwas wie einen »Gaydar« – auch homosexuelle Spürnase genannt – verfügt man zu Beginn erst recht nicht. Dazu braucht es Routine.

Immer noch ahnungslos quetschte ich mich mit Anne und Paula an die Bar und bestellte eine Rum-Cola. Gerade kaute ich hoch konzentriert am Strohhalm, als mir Paula irgendwas zuflüsterte, Anne am Arm packte und kurzerhand zusammen mit ihr einfach in der Menschenmasse verschwand. Kein Problem. Ich war ja unabhängig und alt genug, um selbst Spaß zu haben – wusste ich doch bis dahin noch nichts davon, dass ich mich auf einer Lesben-Party befand. Auf mich alleine gestellt, platzierte ich mich in einer Ecke, die mir einen guten Überblick verschaffte, und beobachtete die Runde. Das Bild, das sich mir zeigte, war ein Meer kurzhaariger Frauen. Der letzte Schrei waren geschorene Haare mit der viel zitierten blonden »Sprungschanze« vorne am Haaransatz. Da waren Berge von XXL-Shirts, Birkenstock-Sandalen, Springerstiefeln, Hochwasser-Jeans, weißen Socken à la Michael Jackson und Alternativ-Halstüchern. Dies alles gespickt mit einem kleinen, aber feinen Schuss Maskulinität. Nur hier und da standen ein paar aufgebrezelte, langhaarige Frauen.

Wild wurde im Takt der Musik mit den Beinen gestampft, gefolgt von immer ekstatischeren »Spürst du mich, fühlst du mich«-Bewegungen. Mit den Armen wurde durch die Luft gewedelt, wobei der größere Teil der Menge ein sehr eigenwilliges Rhythmusgefühl an den Tag legte. Plötzlich dämmerte es mir. Der Strohhalm, an dem ich immer noch permanent kaute, blieb mir praktisch im Hals stecken. Eine Lesben-Party!

Diese Erkenntnis kam unter anderem deshalb mit Verspätung, weil einige der Anwesenden durchaus als waschechte Männer hätten durchgehen können. Außerdem wusste ich wirklich nicht, wie ich mir eine typische Lesbe vorzustellen hatte. Ganz zu schweigen von der Tatsache, dass ich nie damit gerechnet hatte, von Paula zu einem solchen Event geschleppt zu werden. Gegen Maskulinität und Achtziger-Jahre-Look war ja im Prinzip nichts einzuwenden, aber ich kann nur für mich sprechen, wenn ich sage: Es war grauenvoll. Ich war über alle Maßen enttäuscht. Ich hatte auf eine schöne Unbekannte gehofft – feminin, sexy, leicht androgyn vielleicht, so à la Sharon Stone oder Angelina Jolie. Aber die Damen hier waren eher wie Hella von Sinnen und Melissa Etheridge.

Ich beschloss, mich nicht in Szene zu setzen, sondern im Hintergrund zu bleiben. Noch hegte ich die Hoffnung, dass ich in diesem Frauenbad nicht groß auffallen würde. Wieso sollte ich auch? Ich war optisch gesehen so ziemlicher Durchschnitt. Das aber war, wie sich bald herausstellen sollte, eine grundsätzlich falsche Annahme. Die alteingesessenen Partygäste identifizierten mich sofort als »Frischfleisch«, und bald kamen Sprüche über Sprüche, einige davon nicht viel einfallsreicher als die der balzgeilen Männerwelt. Das war zu viel für mich.

»Hey, du Schnecke, wie alt bist du denn? Süß bist du, aber bestimmt könnte ich deine Mutter sein?« Das war ein wenig einfallsreicher Spruch und vor allem höchst ineffizient. Wie sollte ich mit dieser Situation umgehen? Ich konnte ja nicht den »Zisch ab«-Spruch wie bei den Männern aus der Schublade hervorkramen, sondern musste dem weiblichen Geschlecht den nötigen Respekt erbringen. Dazu fühlte ich mich richtiggehend verpflichtet. Okay, ich gebe es ja zu: In Wirklichkeit hatte ich panische Angst vor der ungewohnt burschikosen Masse! Wer weiß, vielleicht würden die mir nach einer Abfuhr sogar noch eine langen. Jedenfalls wäre es einigen der Gäste durchaus zuzutrauen, und mit einem hastigen Blick auf die durchtrainierten Oberarme einiger Frauen beschloss ich, vorerst die Klappe zu halten und einen auf dümmlich-schüchtern zu machen.

Ich hatte eine dunkle Ecke gefunden, in die ich mich ängstlich zurückzog. Doch irgendwann musste ich zur Toilette, obwohl ich alles dafür getan hätte, diese Situation zu vermeiden. Ich wollte mich auf Biegen und Brechen nicht durch die Frauenmasse quetschen müssen und mich ihren Blicken aussetzen. Doch meine Blase ließ mir keine andere Wahl. Meinen unnahbaren Blick als Schutzwaffe aufgesetzt, lief ich betont lässig über die Tanzfläche. Doch wie immer, wenn ich mich beobachtet fühle, hatte ich einen Gang drauf, als hätte ich einen Stock im Arsch.

Plötzlich erschien vor mir ein Monstrum von Frau und wollte mich partout nicht durchlassen. Das war mal wieder typisch »Murphys Gesetz«. Sie war einfach riesig, gigantisch, so breit wie hoch, hatte einen gierig-perversen Blick drauf und ein rosarotes Miss-Piggy-Gesicht. Ihr Haar war ein undefinierbarer Wirrwarr von dünnen braunen Spiralen. Sie baute sich vor mir auf, kniff mich in die Backe und meinte: »Hey Schatzi, gut war's mit dir gestern. Wann sehen wir uns wieder?«

Ein Gefühl von Ekel machte sich in mir breit, ich wollte schreien, aber alles, was ich rausbrachte, war ein typisch mädchenhaftes Quietschen, das sich nach »Äh aber ich … wir … nein, nicht doch …« anhörte. Ich schnappte hilflos nach Luft, als mir gerade noch rechtzeitig Anne zu Hilfe kam. Sie lachte, als sie den wohl ziemlich angsterfüllten Ausdruck auf meinem Gesicht sah. »Alles halb so schlimm, Süße. Sind auch nur Menschen.«

Mit diesen Worten zerrte sie mich weg von Goliath. Dieser Zwischenfall verhalf mir übrigens indirekt zu meinem ersten Date, denn kaum hatte ich mich beruhigt und frischen Mut geschöpft, stellte mich Anne einer Italienerin vor.

Ich bin Halbitalienerin – und das brachte mir an diesem Abend Glück. In ungewöhnlichen Situationen tut man sich nämlich häufig mit Leuten zusammen, mit denen man etwas gemeinsam hat oder zu haben glaubt. Egal wie oberflächlich das scheint. So war es auch mit Celeste – der mir noch unbekannten Italienerin. Wir hatten uns gefunden!

Wir diskutierten, lachten und flirteten. Das heißt, sie flirtete, und ich guckte etwas verlegen und errötete hier und da. Ab und an spielte ich mit, aber natürlich immer wohldosiert, denn ich wusste ja nicht, wie weit ich gehen konnte. Das Risiko, gleich abgeknutscht zu werden, wollte ich nämlich noch nicht eingehen. Die Zeit verging wie im Fluge. Etwa eine Stunde vor dem herannahenden Abschied machte ich mir tausend Gedanken, wie ich diese Hürde bewerkstelligen würde. Auf die Toilette rennen und einfach nicht zurückkommen? Ihr zuvorkommen, indem ich penetrant die Hand vorstreckte und mit dem Kopf etwas in die Defensive ging? Oder war ich mutig und ließ mich auf drei nicht ungefährliche Wangenküsschen ein?

Wieso hatte ich mir bloß so den Kopf zermalmt? Letzten Endes hätte sie sowieso alles mit mir machen können, was sie wollte. »Hier, nimm«, sagte sie schließlich. »Meine Mail-Adresse. Würde mich freuen, wenn du mir mal schreiben würdest.«

Und weg war sie. Puh, noch mal glimpflich davongekommen. Doch Moment! Gefiel ich ihr etwa nicht, oder wieso hatte sie sonst keinen Angriff auf mich gestartet? Sie hätte doch wenigstens versuchen können, mich zu küssen. Jetzt, da ich mich mental schon darauf vorbereitet hatte! Typisch Frau, nicht? So oder so einfach nie zufrieden.

Etwas enttäuscht und verwirrt verabschiedete auch ich mich zehn Minuten später von Paula und Anne, die mir noch zu meinem erfolgreichen Abend gratulierten. Ich stieg ins Auto und fuhr nach Hause. Hunderte von Gedanken schossen mir durch den Kopf, während ich die dunkle Autobahn entlangfuhr und krampfhaft versuchte, meine Augen offen zu halten. Das Schlimmste an diesen Gedanken waren die Selbstzweifel, die ich bisher so nie kennengelernt hatte. Bei Männern kam es fast immer beim ersten Date zu einem körperlichen Annäherungsversuch. Man konnte sich gegen mögliche Angriffe gar nicht genug wehren!

Konnte es wirklich sein, dass mich Celeste nicht anziehend und attraktiv fand? Ich merkte, wie sehr ich ihr gefallen wollte. Gerade weil sie eine Frau war. Dadurch erschien sie mir kompetenter, wenn es darum ging, meine äußeren und inneren

Charakteristiken – und Qualitäten – zu beurteilen. Ich war davon ausgegangen, dass Frauen andere Frauen vermehrt nach wirklich wichtigen und wahren Werten beurteilten und sich nicht immer nur von banalen Äußerlichkeiten blenden ließen. Da reichte es nicht, einfach gut auszusehen oder sexy Stiefelchen zu tragen. Was zählte, waren die Persönlichkeit und der Charakter.

War meine Persönlichkeit etwa nicht faszinierend genug für Celeste? Konnte ich den hohen Ansprüchen einer Frau nicht gerecht werden? Zu Hause angekommen, legte ich mich erschöpft in mein Bett und schlief ziemlich unruhig ein, mit dem Drang, Celeste gleich am nächsten Morgen eine E-Mail zu schreiben.

Am Montag danach musste ich für eine Agentur, in der ich neben meinem Studium zur Aufbesserung meines Taschengeldes jobbte, Promotion für eine neue Art Kontaktlinsen machen. Es waren zehn Grad Celsius, es regnete in Strömen, und ich stand mit einer grauen Regenjacke Größe XXL vor einem Laden in Basel und versuchte mit wenig Elan, die Passanten vom neuen Produkt zu überzeugen. Wie hätte ich es auch anstellen sollen? Erstens trug ich selbst weder Brille noch Kontaktlinsen, zweitens hatte ich keine Ausbildung zur Optikerin, und drittens – ich gebe es ja zu – war ich mit meinen Gedanken sowieso ganz woanders. Meine einzige Sorge an diesem sonst so sorglos-freudigen Tag war es, möglichst schnell ein Internet-Café zu finden. Ich verbrachte den Morgen vor meinem Stand aus dicker Pappe und wartete mit Ungeduld darauf, dass die Glocken des Kirchturms gegenüber endlich zwölf Uhr schlugen. Die meiste Zeit über verteilte ich Flyer. Nur ab und an konnte ich mich dazu überwinden, auch mal einen Passanten anzusprechen. Nicht immer mit Erfolg. »Guten Tag, der Herr. Tragen Sie Kontaktlinsen? Ja? Wie schön, es gibt jetzt nämlich was ganz Tolles und Neues von Focus-Daily. Ein uneingeschränkter Tragekomfort wird Sie ebenso entzücken wie eine breite Palette an neuen Sonderfarben!«

Der Mann blieb stehen. »Ja sind die denn auch geeignet für Leute mit Hornhaut-Verkrümmung? Dies wurde nämlich bei mir diagnostiziert, und ich kann deshalb nur Spezialanfertigungen tragen!«

Zum Teufel mit seiner Hornhaut-Verkrümmung! »Darüber bin ich leider nicht informiert. Aber ich glaube schon. Sonst wenden Sie sich doch an Herrn Lutz, den Geschäftsinhaber. Er kann Ihnen da bestimmt weiterhelfen!«

»Ich dachte, Sie kennen sich aus? Wofür sind Sie eigentlich angestellt? Haben Sie überhaupt eine Ahnung von Kontaktlinsen? Da kann ich ja von Glück reden, dass ich nachgefragt habe. Das ist komplett unverantwortlich, was Sie da tun!«

»Jetzt beruhigen Sie sich doch. Ich wollte Sie lediglich auf das Produkt aufmerksam machen. Es Ihnen ja nicht gleich aufschwatzen oder verkaufen!«

»Auch noch frech werden. Das ist ja wohl inakzeptabel! Wo ist Ihr Chef. Ich will sofort zu ihm! Unerhört ist das. Eine Frechheit!«

Na toll, das auch noch. Immer musste alles auf einmal kommen! Ich tat ja nur meinen Job. Was konnte ich denn dafür, dass meine Arbeitgeber mich nicht besser informiert hatten und Kontaktlinsen nicht gerade mein Hobby waren? Innerlich tobte ich, doch nach außen hin gab ich mich ruhig und gelassen. Bis der Kunde weg war. Völlig entnervt schmiss ich meinen Anorak hinter meinen Stand und gönnte mir meine wohl verdiente Mittagspause. An meine charmante Bekanntschaft vom Abend zuvor konnte ich in dem Moment nicht denken. Ich war einfach zu aufgebracht! Doch es war wohl Schicksal, dass gerade neben dem Laden, in dem ich meinen

Salat geholt hatte, ein Internet-Café war. Es schrie geradezu: »Schreib ihr eine Mail. Schreib ihr eine Mail!«

Ich finde ja immer, man sollte im Leben nichts bereuen. In dem Moment, in dem wir Dinge tun, tun wir es ja meistens aus irgendeiner Form der Überzeugung und mit einem guten Bauchgefühl. Getreu diesem Motto betrat ich das Internet-Café, setzte mich an einen freien PC und beschloss, meiner neuen Bekanntschaft ein paar Zeilen zu schreiben.

Hallo, Süße!, schrieb ich auf Italienisch. *Na, bist du gestern noch gut nach Hause gekommen? Ich sitze gerade zu Hause vor dem PC und lerne Privatrecht. Ätzend, sag ich dir! Aber eine Pause braucht eben jeder einmal, und so habe ich gedacht, ich nutze die Gelegenheit für was Sinnvolles und schreibe dir eine E-Mail. Wie geht es so, und was treibst du gerade?*

Okay, natürlich war das total gelogen. Aber sollte ich etwa schreiben: Bin gerade wie ein begossener Pudel durch die halbe Stadt gerannt, um ein Internet-Café zu finden, aus dem ich dir mit zittrigen Händen eine Mail schreiben kann. Bitte, bitte schreib mir umgehend zurück und rette mein Selbstwertgefühl?

Erstaunlicherweise kam ihre Antwort noch, während ich im Café saß und auf meinem Salatblatt kaute. Man könnte meinen, sie hätte geradezu auf ein Lebenszeichen von mir gewartet – Wunschtraum. Aber so eingebildet war ich dann doch nicht. Stattdessen bedankte ich mich bei wem auch immer für den glücklichen Zufall, dass sie gerade zu dieser Zeit auch hinter ihrem PC saß und meine Mail gelesen hatte. Mit leicht gesteigertem Pulsschlag las ich die Zeilen, die sie mir geschrieben hatte: *Ciao Bellezza! Ich habe gehofft, dass du schreiben willst. Sorry, dass ich gestern so schnell gegangen, aber meine Kollegin wollte unbedingt nach Hause und ich bin einzige, die ein Auto habe. Bist du gut nach Haus gekommen?*

Habe viel an dich gedacht. Weiß du, dass du eine ganz wunderschöne Frau bist? Wollen diese Woche wir was machen zusammen? Donnerstag? Ich kann nach der Arbeit, so um sechs Uhr, wenn du Lust hast?

Überglücklich las ich die Mail wieder und wieder durch. Mir war am Abend zuvor gar nicht aufgefallen, dass sie gebrochen deutsch sprach, hatten wir uns ja nur auf Italienisch unterhalten. Sie fand mich also wirklich interessant! Wow, ich war überwältigt, ein wenig stolz und vor allem nervös. Doch je öfter ich die Mail las, desto schlechter hörte es sich an. Was meinte sie mit ich sei wunderschön? Nur so schnell für eine Nacht? Vielleicht doch mehr? Wieso erst am Donnerstag? Heute war doch Montag! Und wenn schon so spät, wieso wollte sie mich nicht zum Beispiel am Samstag sehen und den ganzen Tag mit mir verbringen, sondern lieber am Donnerstag nach der Arbeit. Nur so kurz für einige Stunden?

Ganz ruhig, nicht hyperventilieren. Was sollte ich ihr zurückschreiben? Sollte ich sie zappeln lassen, im Sinne von: »Oh, das tut mir so leid, aber diese Woche geht es ganz und gar nicht.« Nein, das wäre blöd, und damit würde ich mir nur ein Eigentor schießen, denn schließlich wollte ich sie ja auch sehen.

Hallo, Liebste, schön, so schnell was von dir zu lesen. Sehr gerne würde ich dich am Donnerstag treffen. Ich kann aber nicht allzu lange, da ich noch am selben Abend nach Bern zurückfahren muss. Treffen wir uns um 18 Uhr in der Odeon-Bar? Das ist leider die einzige Bar, die ich in Zürich kenne. Hier noch meine Telefonnummer, muss jetzt nämlich gleich zurück zur Arbeit. Hoffe, bald was von dir zu hören. Küsschen!

Im höchsten Maße gut gelaunt machte ich mich wieder an die Arbeit. Da konnte auch die Bemerkung des Geschäftsführers bezüglich des unzufriedenen Kunden meine Laune nicht verschlechtern. »Wenn Sie nicht zufrieden sind, dann holen

Sie sich doch eine ausgebildete Optikerin«, entgegnete ich ihm. »Das hätten Sie sich früher überlegen sollen.« Selbst über meinen barschen Tonfall erschrocken, verließ ich den Laden und positionierte mich wieder vor meinem Pappestand. Ich war an diesem Tag durch und durch stolz auf mich. In jeglicher Hinsicht!

Die kommenden Tage zogen nur schleppend an mir vorbei. Am schlimmsten waren die Abende, da gab es weder Arbeit noch Universität. Mit Selbstbeschäftigungstherapie – Fernsehen – versuchte ich krampfhaft, meine Gedanken vom kommenden Donnerstag abzulenken. Doch es gelang mir nicht. Immer und immer wieder ging ich den möglichen Verlauf des Abends in meiner Vorstellung durch. Wie weit sollte ich gehen? Sollte ich spontan entscheiden und sehen, wie der Abend mit Celeste verlaufen würde? Sex ja oder nein? War ich überhaupt bereit für einen solchen Schritt? Würde sie mir in nüchternem Zustand immer noch gefallen? Gefallen war sowieso ein wenig übertrieben, schließlich war sie optisch überhaupt nicht mein Typ. 31 Jahre alt, klein, etwas dürr, eher schütteres, braunes, schulterlanges Haar und einfach einen Tick zu männlich für meinen Geschmack.

Nach ununterbrochenem Grübeln kam der langersehnte Donnerstag schließlich doch noch. Und was es für ein Abend werden sollte! Genervt vom ewigen Stau in Zürich stellte ich mein Auto auf den nächstbesten Platz etwas abseits der Stelle, an der wir uns verabredet hatten, und suchte mir einen Weg durch die Menge der Berufstätigen, die es kaum erwarten konnten, nach Hause zu kommen. Dank meines außerordentlich schlecht ausgeprägten Orientierungssinns fand ich die Bar nach knapp einer Stunde. Zum Glück hatte ich einen Stundenbonus für unerwartete Ereignisse in den Zeitplan eingebaut. Unpünktlichkeit missfiel mir ganz ungemein!

Während ich auf die Bar zuging, spähte ich unauffällig in alle Richtungen, ob von Celeste schon was zu sehen war. Nichts. Weit und breit keine Celeste. Sie würde mich doch nicht etwa versetzt haben? Ein Blick auf die Uhr, und mein Verdacht bestätigte sich. Sie war zu spät. Ich mochte es ganz und gar nicht, auf jemanden zu warten, da fühlte ich mich immer etwas zur Seite geschoben und nicht so richtig ernst genommen. Aber was blieb mir anderes übrig, als Däumchen zu drehen und zu hoffen, dass sie sich doch noch zeigen würde? Um mich abzulenken, griff ich mit betont wichtiger Miene zum Handy, rief meine Mama an und stürzte mich mit ihr in eine ernsthafte und scheinbar wichtige Diskussion. Dies ermöglichte mir auch, als sich Celeste unerwartet von hinten an mich heranschlich und meine Hüfte umfasste, den ersten Schock gekonnt zu überspielen und ihr mit wichtigtuerischer Miene ein kleines Handzeichen zu geben, das ihr mitteilen sollte: »Kleinen Moment noch, habe hier noch was ganz Wichtiges zu besprechen.«

Im letzten Moment hatte ich durch diese Aktion verhindern können, dass sie meinen verlegenen Gesichtsausdruck zu sehen bekam. Sie gab mir zu verstehen, dass das okay sei, und so wandte ich mich wieder meinem Handy zu. »Ich muss jetzt leider auflegen, aber wir hören uns ja bald … äh ja, ich dich auch, Mami!« Jetzt war die Tarnung aufgeflogen. Dass Mütter auch immer solche Gefühlsduseleien hören wollten.

Celeste strahlte mich an. »Hey, schön dich zu sehen. Sorry, wollte dich nicht warten lassen! Geht es dir gut? Wollen wir uns hier an die Sonne setzen?« Wir setzten uns an einen Tisch, und ich stellte mit Schrecken fest, dass sie mir bei Tageslicht noch weniger gefiel als im Schutze der gnädigen Clubbeleuchtung. Doch sonst war sie ziemlich aufgeweckt, und das mit dem Flirten hatte sie definitiv drauf. Sie verstand es, mich trotz meiner anfänglichen Distanziertheit und Skepsis aus der Reserve zu locken und mich mit direkten, doch überaus charmanten Komplimenten um den Finger zu wickeln. Dazu musste man auch erst mal fähig sein. Ich war nämlich nicht einfach zu knacken.

Innerlich kämpfte ich während des ganzen Gesprächs mit meinem Teufelchen und meinem Engelchen. Das Teufelchen befahl mir, die Augen zu schließen, mitzuflirten und die Gunst der Stunde zu nutzen. Das Engelchen jedoch spielte Moralapostel und konfrontierte mich immer wieder mit meiner Unentschlossenheit und meinen Zweifeln. Dieses Hin und Her hatte eine Unsicherheit zur Folge, die ich generell mit Arroganz zu überdecken versuche. Das bemerkte natürlich auch Celeste, woraufhin sie sich zaghaft erkundigte, ob ich mich denn langweilen würde. Natürlich nicht, wie konnte sie das nur denken. »Tut mir leid, ich bin nur etwas nervös«, erwiderte ich.

»Musst du nicht sein. Wir gehen jetzt einfach zu mir nach Hause, ich verführe dich, liebe dich die ganze Nacht, und dann lass ich dich vielleicht wieder nach Bern!«

Hatte sie das gerade ernst gemeint?

»Quatsch, war nur ein Scherz. Du verpflichtest dich ja zu nichts, auch wenn ich zugeben muss, dass du mir schon sehr gut gefällst. Aber wenn du dich für gewisse Dinge nicht bereit fühlst, dann respektiere ich das!«

Wer hätte gedacht, dass Frauen so einfühlsam und respektvoll sein können? Sie gab mir genau das, was ich hören wollte, und mit einer unglaublichen Naivität ließ ich mich von ihrem gut ausgelegten Netz langsam einfangen.

»Komm, lass uns essen gehen. Ich kenne da einen guten Italiener ganz in der Nähe meiner Wohnung.« Klar, klang doch gut. Fürs Essen war ich immer zu haben. Dass der Italiener in der Nähe ihrer Wohnung war, musste mir wohl im Eifer des Gefechtes entgangen sein. Normalerweise war ich sehr aufmerksam und spitzfindig, was Worte wie »zufällig in der Nähe meiner Wohnung« anging. Aber an diesem Abend war ja schließlich alles anders und so hatte ich auch mal das Recht darauf, mich ungeschickt anzustellen und etwas schwer von Begriff zu sein. Sie führte mich zu ihrem silbernen Jeep, und wir fuhren Richtung Irgendwo.

»Hey, ich zeige dir noch schnell das älteste Gebäude in der Gegend, das musst du gesehen haben. Wunderschön!« Komisch, dass solche wunderschönen Gebäude immer am Ende der Welt, neben einem romantischen Fluss oder See gelegen waren. Und noch komischer, dass sich in solchen Situationen plötzlich alle Menschen für Architektur und Kunst interessierten. Celeste hielt in der Nähe eines wirklich einzigartigen architektonischen Konstrukts, das aber gerade mal zwei Sekunden meine Aufmerksamkeit in Anspruch zu nehmen vermochte. Mir entging nämlich nicht, dass Celeste langsam versuchte, sich an mich heranzutasten. Da musste ich gewappnet sein, um im richtigen Moment …! Ja, was eigentlich? Zu schreien? Zu schlagen? Zu spucken? Wegzulaufen?

»Oh, sieh mal dort drüben!« Ich zeigte auf ein anderes Gebäude. »Das sieht mir auch nach einem ganz gemütlich schnuckeligen Restaurant aus. Wollen wir nicht lieber dort was essen? Ich habe gerade total Hunger.«

Sie nahm meinen Vorschlag ohne Widerrede an, und so landeten wir in einem süßen kleinen Landrestaurant, aßen Zürichgeschnetzeltes mit Rösti, genossen den schweren Rotwein, lachten, alberten rum und ließen es uns einfach rundum gut gehen. Ich wurde zunehmend lockerer, und Celeste gefiel mir auch immer besser.

»Das Essen war wirklich vorzüglich«, sagte sie schließlich. »Hast du noch Lust auf ein Dessert? Es ist ja noch nicht so spät, und vielleicht hättest du noch Lust, bei mir vorbei-zuschauen. Wir könnten uns einen Film angucken oder so. Keine Verpflichtungen. Wirklich nicht.« Im Rotwein-Nebel, der sich langsam in meinem Kopf breitmachte, hörte sich ihr Vorschlag gar nicht so übel an. Ich fühlte mich mutig und experimentierfreudig. Möge kommen, was wolle. Ich war be-reit, die Herausforderung anzunehmen. Was Alkohol so alles bewirken konnte.

Zehn Minuten später sah ich mich dann auch schon eine moderne, circa hundert Quadratmeter große Wohnung be-treten. Es roch penetrant nach einer Mischung aus Zigaretten-rauch, Marihuana und Katzenkot. Ich kämpfte mich durch die Rauchschwaden ins Wohnzimmer vor. So einen gemütlichen Einrichtungsstil hätte ich ihr gar nicht zugetraut. Nur an der Duftnote musste sie noch ein wenig arbeiten. Das Mobiliar war nur vom Feinsten. Neben dem wuchtigen TV stand eine Bang & Olufson-Radioanlage. An der Wand stand ein riesiges schwarzes Ledersofa, davor ein blitzblank geputzter Glastisch, auf den sie zwei Gläser mit Wodka-Redbull gestellt hatte. Wann hatte sie die denn geholt? Na egal. Offenbar war es ihr Plan gewesen, mich abzufüllen – wie ich erst jetzt feststellte, nachdem ich die Höhle des Löwen bereits betreten hatte. Ich setzte mich aufs Sofa, um nicht unbeholfen im Raum rum-zustehen.

»Magst du Lesben-Filme?«, fragte Celeste.

»Ich kenne ehrlich gesagt keinen. Aber wieso nicht? Kannst ja mal einen reinschieben. Sind es Geschichten oder Pornos?« Geschichten oder Pornos? Was war ich bloß für eine ver-klemmte Kreatur. Die Gute musste mich für ein pubertierendes und frigides Geschöpf halten.

»Geschichten natürlich. Okay, dann schauen wir uns den mit Sharon Stone und Ellen DeGeneres an. Ist wirklich ein super Film. Wird dir bestimmt gefallen. Komm, mach's dir bequem!«

»Warte noch schnell mit dem Film. Ich muss noch ganz kurz aufs Klo.« Ich flüchtete in Richtung WC. Mist! Sie hatte mich so weit. Was war bloß mit mir los? Hätte ich es mir nicht denken können, dass sie trotzdem versuchen würde, mich zu verführen? Auf dem Klo lüftete sich auch das Geheimnis des unerträglichen Katzenkot-Gestanks. Wechselte sie den Sand im Katzenklo überhaupt jemals? Ich schaute mich im Spiegel an. Ich war etwas bleich. Der Mut war wie weggeblasen, und stattdessen kämpfte ich gegen erneute Zweifel an. Leider war auf die sonst so treue, vom Alkohol ausgelöste »Mir ist alles scheißegal«-Haltung und »Ich tue alles, was du willst«-Geilheit kein Verlass mehr.

Lange betrachtete ich mich im Spiegel, erfrischte mein Gesicht mit ein wenig kaltem Wasser, holte tief Luft und ging zurück ins Wohnzimmer. Da saß sie mit einem lüsternen Gesichtsausdruck und winkte mich ungeduldig herbei. Ich ließ mich aufs Sofa fallen, peinlichst darauf bedacht, dass mindestens ein halber Meter Freiraum zwischen uns lag. Es gelang mir nicht, mich auf den Film zu konzentrieren. Die Geschichte war nicht so ganz das, was ich als spannend bezeichnen würde und außerdem hatte ich ja weitaus andere Sorgen. Doch nach etwa einer halben Stunde war es so weit, und ich hatte Celeste, die immer noch neben mir saß, zunehmend aus meinem Bewusstsein verbannt. Der Wodka tat seine beruhigende Wirkung, und ich fühlte mich langsam und schläfrig ins Reich der Träume abdriften.

Das Raubtier spürt die Unachtsamkeit seiner Beute. Bevor ich reagieren konnte – wie sollte ich auch, ich war schließlich kurz vorm Einschlafen –, stürzte Celeste rüber zu mir, setzte sich auf meinen Schoß, packte meine Hände, drückte mich

mit ihrem Oberkörper heftig gegen die Sofalehne und küsste mich in wilder Begierde. Wie in Trance versuchte ich mich
zu wehren, doch mir fehlte die Kraft dazu, und so ließ ich es
geschehen. Hastig, aber nicht grob riss sie mir zuerst meine
Bluse, dann meinen schwarzen Spitzen-BH vom Leib. Ich spürte ihren Mund überall. Mit einer unglaublichen Leidenschaft
erforschte sie jeden Zentimeter meines Körpers. All meine
Skrupel waren wie weggeblasen, und ich konnte mich voll
und ganz auf sie einlassen. Das heißt, auf ihre Berührungen
einlassen. Ich selbst tat gar nichts. Ich konnte nicht. War wie
gelähmt.

Ihre Hände ließ sie durch mein Haar gleiten, weiter runter
zum Nacken, um mir dann ihre Nägel regelrecht ins Fleisch
zu bohren. Ich stöhnte auf. Ich liebte es, gebissen und gekratzt
zu werden. Ihre offensive, leicht aggressive Art törnte mich
unglaublich an. Da war diese Mischung aus heftiger Leidenschaft und Sinnlichkeit zugleich. Mit der Zunge umspielte sie
lange meine hart gewordenen Nippel, leckte sie, biss hinein,
bis ich nicht mehr anders konnte und mein Becken lustvoll zu
kreisen begann. Meine unmissverständliche Bitte wurde sofort
verstanden, und Celeste begann, mir langsam zuerst die Hose,
dann die Unterhose auszuziehen. In meinem Kopf war kein
Platz mehr für Gedanken. Ich wollte nur noch eines. Sie spüren. Celestes Küsse bedeckten meinen ganzen Körper, glitten
immer tiefer an mir runter, bis sie meine Klitoris erreichten.
Sanft begann sie, mich zu lecken und mich gleichzeitig mit
rhythmischen Fingerbewegungen zu penetrieren, bis ich langsam, und ich meine sehr, sehr langsam – die Ärmste –, zum
Höhepunkt kam. Ganz unerwartet, da ich mich sonst eher
schwer damit tat, mich bei One-Night-Stands gehen zu lassen
und einen Orgasmus zu haben. Doch Celeste hatte es ohne
jegliche Anstrengung geschafft.

Total erschöpft konnte ich zuerst keinen klaren Gedanken fassen. Was war denn gerade passiert? Ich hatte die ganze Szene steif wie ein Brett über mich ergehen lassen. Ich war unfähig gewesen, ihre Leidenschaft zu erwidern, geschweige denn, sie auf dieselbe Weise zu befriedigen. Ich fragte mich, wieso, aber fand keine Antwort darauf. Da war einfach diese mächtige Hemmschwelle, vielleicht auch ein wenig Angst, etwas Falsches zu tun. Ich hatte mir nie so richtig vorstellen können, was Frauen im Bett so machen.

Nachdem mein Körper endlich aufgehört hatte zu zittern, überkamen mich auch schon die Scham und ein wenig ein schlechtes Gewissen. Wieso genau, wusste ich nicht, aber in dem Moment fühlte ich mich einfach nur schlecht. Nach anfänglicher Begeisterung konnte ich jetzt nicht mal mehr sagen, ob mir das gerade eben Geschehene gefallen hatte. Ich fühlte mich schmutzig, als hätte ich etwas extrem Verbotenes getan. Ich wollte nur noch hinauslaufen und das, was passiert war, vergessen.

»Wow, das war toll«, sagte Celeste plötzlich. »Du hast mich total geil gemacht. War es denn jetzt so schlimm, wie du dachtest?« Was sollte ich auf diese Frage schon antworten, denn das Letzte, was ich wollte, war, sie zu verletzen. »Nein, überhaupt nicht«, sagte ich. »Nur etwas ungewohnt.«

Ich erinnere mich noch heute daran, wie ich mich ganz abrupt verabschiedete mit der Ausrede, dass ich die Zeit vergessen hätte, und dem Versprechen, mich bald wieder bei ihr zu melden. Insgeheim schwor ich mir jedoch, dies bestimmt nicht zu tun und die ganze Angelegenheit einfach zu vergessen. Doch kaum saß ich im Zug zum Zürcher Hauptbahnhof, änderte ich meine Meinung. Aus der Distanz sah das eben Geschehene plötzlich nicht mehr so dramatisch aus. Vielleicht war es ja wirklich nur eine Frage der Gewohnheit, und nach dem dritten oder vierten Mal würde ich meine Skrupel überwunden haben. Vielleicht übertrieb ich maßlos? Und sowieso: Wieso und woher kamen plötzlich all diese Zweifel und Schuldgefühle? Ich war doch sonst keine Grüblerin. Ich beschloss, mich der Situation hinzugeben, mich dem zu öffnen, was noch kommen würde. Manchmal musste man vielleicht etwas hartnäckiger sein und nicht gleich aufgeben. Doch ob das auch für den sexuellen und emotionalen Bereich galt, da war ich mir nicht so sicher. Aber ich war bereit, das Risiko einzugehen.

Den Kopf ein wenig klarer, meldete ich mich die Woche darauf bei Celeste. Erneut verabredeten wir uns, und so begann eine leidenschaftliche Affäre, die mich in ganz neue Sinnessphären katapultierte. Celeste führte mich – nicht gerade langsam und behutsam – in die Kunst der Frauen-Erotik ein. Wir probierten ständig neue, für Otto Normalverbraucher wohl eher ungewöhnliche Sex-Toys aus. Liebeskugeln, Umschnall-Dildos, Poppers, Augenbinden, Handschellen, Peitschen, Wachs, Masken etc. Mit ihr lebte ich auch meinen Hang zu BDSM-Spielchen aus, wobei Celeste weit weniger davon angetan war als ich. Aber sie war offen und lernfähig. Obwohl ich zehn Jahre vor meiner ersten Erfahrung mit einer Frau schon sexuell aktiv gewesen war – sehr aktiv –, hatte ich Sex in dieser Art und Weise noch nie erlebt. Ich fühlte mich befriedigt, konnte nicht genug davon kriegen. Celeste konnte mich immer antörnen und mich von neuem verführen. Nicht ein Mal kam es vor, dass ich keine Lust auf sie gehabt hätte. In den ganzen sechs Monaten unserer Affäre verging kein Tag, an dem wir uns nicht mindestens zweimal gegenseitig verwöhnt haben. Ich erlebte Sex von einer mir bisher unbekannten Seite. Es war spannend. Es war erregend. Es war befriedigend. Es war kein Muss mehr. Nie mehr. Es ging um das, was ich wollte. Es war ein Geben und Nehmen, bei dem keine von beiden je zu kurz gekommen wären.

Mittlerweile habe ich der Männerwelt praktisch gänzlich abgeschworen. Ich versuche zwar gelegentlich noch, das Fesselnde am Sex mit Männern zu entdecken, und es ist zwischenzeitlich sogar vorgekommen, dass ich mich auf eine Beziehung mit einem Mann eingelassen habe, aber so richtig befriedigen konnte es mich nicht mehr. Es scheint, als würde ich immer wieder zum weiblichen Geschlecht hingezogen. Zurzeit genieße ich mein Single-Leben in vollen Zügen. Frauenerotik ist fester Bestandteil meines Lebens geworden, und obwohl ich noch nie eine Beziehung mit einer Frau hatte – lediglich zahlreiche Affären –, verschließe ich mich dieser Erfahrung gegenüber nicht. Im Gegenteil. Ich habe bisher keine totale Erfüllung in meinen heterosexuellen Partnerschaften kennen lernen dürfen. Vielleicht ändert sich das ja mit einer Frau.

Haare, nichts als Haare

Anita, 35

Ich bin meinem Namen bis heute treu geblieben – Anita Busch. Ich stehe auf alle Variationen von Haaren, an jeder noch so unmöglichen Stelle des Körpers und so dick und dicht wie irgendwie möglich. Das mag sich für gewisse Menschen bizarr anhören, was ich an milde gestimmten Tagen sogar nachvollziehen kann. Ich habe es oft erlebt, dass Menschen – vor allem meine Partner und gelegentlichen Affären – meine Neigung und deswegen auch mich als Person nicht komplett akzeptieren konnten und auch weiterhin nicht können. Hinzu kommt, dass ich mich vor zwei Jahren nicht nur als Haar-fetischistin geoutet und meinen Freundeskreis offen und ehrlich über meine Neigung informiert habe, sondern ich setzte noch eins drauf, als ich ihnen eines Tages mitteilte, dass ich nach fünf Jahren mehr oder weniger erfüllter Ehe meinen Mann für eine Frau verlasse.

Aber alles von vorne: Schon als ganz kleines Mädchen haben mich Haare fasziniert. Ganz besonders die meiner Mutter. Meine Mutter hatte seidiges, rabenschwarzes langes Haar, das mich magisch anzog und welches sie mich während unserer Sonntagmorgenrituale sorgfältig kämmen ließ. Es gab für mich nichts Schöneres, als das samtige Haar meiner Mutter zu berühren, es langsam und genüsslich vom Haaransatz bis ganz zu den Spitzen glatt zu bürsten und dabei zuzuschauen, wie sich die einzelnen Strähnen daunenweich über ihre Schulter legten. Auch mein Vater war von der Natur mit einer ziemlich beeindruckenden Haarpracht gesegnet. Dabei glich er mit seinem dichten Haarwuchs an Armen, Beinen, Brust und Rücken fast schon einem Affen. Ich erinnere mich noch gut an das wohlige Gefühl, das es in mir auslöste, wenn ich als Kind nach dem Bad in der Wanne meinen Papa umarmte und mich fest an seinen behaarten Körper drückte – es fühlte sich an wie eine große lebendige Wolldecke. Ich fühlte mich geborgen und behütet.

Meine Mutter hatte nicht nur faszinierendes Kopfhaar, sondern rasierte zudem auch nie ihre Beine oder ihre Achseln, geschweige denn ihren Intimbereich. Meine Kindheitstage sind ja nun auch schon ein paar Jahre her, und ich stelle immer häufiger fest, dass Intim- und sonstige Rasuren bei Frauen eine Generationsfrage zu sein scheinen. Früher hatte man keine Zeit für solche Lappalien, sondern ließ die Mähnen wild und ungehemmt wuchern. Körperbehaarung ist schließlich etwas ganz Natürliches, sonst hätten wir keine. Gesund kann das besessene Rasieren, Epilieren, Rupfen, Ätzen, Lasern, Elektrolysieren für die Haut auch nicht sein, wie ich meine. Diese sogenannten Hygienestandards haben sich erst im letzten Jahrzehnt eingeschlichen – fast unmerklich und sehr zu meinem Missfallen. Wieso, weiß ich nicht, und mir fällt auch keine plausible Erklärung dafür ein. Denn Haar ist doch etwas Ästhetisches! Wie würden wir denn ohne Haare aussehen? Völlig nackig und farblos. Für mich unvorstellbar.

Am liebsten mochte ich es, wenn sich die Beinhaare meiner Mutter in ihren hautfarbenen Strümpfen einen Weg durch den dünnen Stoff suchten und sich nach draußen an die frische Luft kämpften. Ich zupfte dann gerne daran, was meine Mutter natürlich zur Weißglut brachte. Sie war nämlich ziemlich prüde, und obwohl sie sich nicht für ihre Beinbehaarung schämte, so schien ihr dieses Zupfspiel irgendwie peinlich. Oder vielleicht nervte es sie auch nur. Ich weiß es nicht so genau. Bei meinem Papa konnte ich mich so fest und oft an sein Fell klammern, wie ich wollte. Ihm gefiel es. Wahrscheinlich war es für ihn eine Art Appell an seine Männlichkeit und schmeichelte ihm sogar. Kein Gefühl der Welt war vergleichbar mit der Glückseligkeit, die mich durchströmte, wenn ich mich mit beiden Händen so richtig in seinem Brusthaarfell verheddern konnte, um dann genüsslich die einzelnen Locken mit meinen Fingern aufzuwickeln. Zuerst dachte ich mir nichts dabei, aber das änderte sich ziemlich schlagartig, und zwar schon vor Eintritt in die Pubertät, als mir plötzlich bewusst wurde, wie aufregend und anziehend ich auch das Haar – vor allem das Bein- und Achselhaar – fremder Frauen und Männer fand.

Zum ersten Mal fiel es mir so richtig beim Schwimmunterricht auf, zu dem mich meine Mutter kurz nach meinem neunten Geburtstag angemeldet hatte. Die Lehrerin, Frau Dietrich, hatte fast so schönes schwarzes Haar wie meine Mutter, das sich bei ihr jedoch im Gegensatz zu dem seidenglatten Haar meiner Mutter zu einem chaotischen Lockensammelsurium formte. Ich mochte Frau Dietrich auf Anhieb, noch bevor die erste Schwimmlektion begonnen hatte. Da stand ich zusammen mit ein paar weiteren Schülern im Kinderbecken und versuchte, ihren Instruktionen zu folgen. Ich war etwas gelangweilt, weil ich eigentlich schon schwimmen konnte. Das änderte sich jedoch schlagartig, als uns Frau Dietrich außerhalb des Beckenrands demonstrierte, wie man beim Schwimmen im Wasser die Arme zu bewegen hatte. Dabei hielt sie ihre beiden Arme hoch in die Luft gestreckt und begann, in kreisenden Bewegungen den Ablauf der Kraulbewegung nachzubilden. Meine Augen fixierten sofort die zwei dicken und pechschwarzen Haarbüschel, die ihre Achselhöhlen zierten. Sie waren einfach perfekt. Die perfekte Dichte, Länge und Form.

Ich wurde ein wenig nervös, denn plötzlich überkam mich ein noch nie zuvor erlebter Drang, mein Gesicht daran zu reiben. Ich wurde ganz hibbelig und konnte meinen Blick für den Rest der Lektion nicht mehr von ihr, besonders nicht von ihren Haaren lassen. Von diesem Zeitpunkt an ging ich gerne in den Schwimmunterricht und war auch immer die Erste, die sich freiwillig zu den zahlreichen Übungsdemonstrationen gemeinsam mit Frau Dietrich meldete; immer in der Hoffnung, wenigstens einen kurzen Blick auf ihr vollendetes Achselhaarkleid erhaschen zu dürfen.

Ich verstand nicht, wie man sich dafür schämen konnte, starken Haarwuchs zu haben. Ich selbst hatte leider vor allem während meiner Pubertät nicht das Vergnügen, vollbehaart zu sein. Während meiner Kindheit und frühen Jugend widmete ich mich nicht wie die meisten meiner Altersgenossen dem Spiel mit den Barbiepuppen, sondern klebte mir oft ein schwarzes Filzstück, das ich aus dem Nähunterricht mitgebracht hatte, an meinen Schambereich, stolzierte umher und gab mich ganz erwachsen. Ich wollte unbedingt wissen, wie es sich anfühlt, wenn sich die Unterhose nach außen wölbte und die Schambehaarung bei jedem Schritt spürbar wurde. Erleben, wie es sein musste, erwachsen zu sein.

Während der Pubertät zeigten sich bei mir zwar unter den Armen sporadisch ein paar vereinzelte Härchen, meine Beine waren von einem feinen, kaum sichtbaren hellen Flaum überzogen, und in meinem Schambereich wuchsen einige schwarze Borsten, die sich nach und nach zu kringeln begannen. Insgesamt aber viel zu wenig Haarwuchs, als dass ich selbst Gefallen daran hätte finden können. Ich beneidete meine

Klassenkameradinnen, die zum Teil schon richtige Büsche hatten und bei denen die Haare nur so sprossen. Es gehörte zu meinem heimlichen Vergnügen, meine Schulkameradinnen unter der Dusche etwas intensiver zu betrachten, als es vielleicht üblich und tolerabel gewesen wäre. Ich genoss die gemeinsame Dusche nach dem Turnunterricht. Es war mein persönlicher Schultageshöhepunkt. Ich stand nicht per se auf Frauen. Eigentlich stand ich zu dieser Zeit auf gar nichts. Weder Jungs noch Mädchen vermochten mein Interesse zu wecken. Ich war in der Hinsicht eher ein Spätzünder. Meine Aufmerksamkeit gehörte einzig und allein den menschlichen Haaren – in allen naturgegebenen Variationen.

Mit zunehmendem Alter verstand ich, dass meine Vorliebe für Haare eher ein seltenes Phänomen war, da ich bis zu diesem Zeitpunkt niemanden getroffen hatte, der ähnlich darüber dachte. So begann ich zu recherchieren, las Bücher, surfte im Internet und fand bald heraus, dass man so etwas »Fetischismus« nannte. Meine intimen Wünsche und mein Verlangen, diese Neigung auszuleben, wuchsen stetig und so fasste ich eines Tages – ich war mittlerweile um die 28 Jahre alt – Mut und machte mich in den verschiedenen Foren des Internets auf die Suche nach Menschen mit einer ähnlichen Veranlagung. Ich hatte Glück und stieß bei meinen Ermittlungen bald auf eine Gruppe, die sich »Haarillas« nannte. Zugegeben: Der Name schien nicht wirklich vielversprechend, aber was sie auf der Startseite ihres Internetauftritts formulierten – die Überzeugungen und Grundsätze, die Wünsche und Sehnsüchte –, spiegelte zu hundert Prozent meine Bedürfnisse wider. Die sexuelle Orientierung schien dabei keine Rolle zu spielen, was mir gerade recht kam. Ich hatte noch kein spezifisches »Ufer« angesteuert. Liebte Frau und Mann gleichermaßen – wenigstens in meiner Fantasie. Hauptsache haarig.

Ich hatte zu diesem Zeitpunkt zwar schon Sex mit Männern – nicht jedoch mit Frauen – gehabt, aber die Möglichkeit, meinen Haarfetisch auszuleben, hatte sich bisher nicht ergeben, und so beschränkte ich mich vorerst auf die voyeuristische Befriedigung und das heimliche Schauen. Dies sollte sich nun endlich ändern.

Aufgeregt meldete ich mich als Neuling für das nächste Gruppentreffen der »Haarillas« an und konnte es kaum erwarten, endlich meinen Seelenverwandten zu begegnen. Die Vorbereitung auf den besagten Abend zelebrierte ich höchst ausgiebig. Körperhygiene war das Nonplusultra, und so folgte auf das halbstündige dampfende Bad in sinnesverwöhnenden Lavendel-Essenzen das ausgiebige und sorgfältige Kämmen meiner Haarprachten, gefolgt vom Hin und Her bezüglich der optimalen Kleiderwahl. Es sollte etwas Besonderes werden, und da durfte ich mir ruhig Zeit lassen.

Knappe zwei Stunden später machte ich mich nach beendetem Schmink-Crashkurs in einem aufreizenden durchsichtigen Negligé auf den Weg zum vereinbarten Treffpunkt. Mit einem langen dunkelgrauen Mantel schützte ich das halbdurchsichtige Stoffteil und meine darunterliegende Nacktheit vor den neugierigen Blicken der Passanten. Innerlich war ich erwartungsvoll, doch trotzdem sehr ruhig und gelassen. Ich fühlte mich, als ob die ganze Welt genau in diesem Moment nur darauf gewartet hätte, von mir erobert zu werden. Ich fühlte mich stark und mutig.

Es war ein unbeschreiblich intensives und befriedigendes Gefühl, weil ich wusste, dass ich endlich auf Gleichgesinnte treffen würde. Von nun an würde ich mich nicht mehr im stillen Kämmerlein mit meinen Vorlieben beschäftigen müssen. Endlich war der große Tag gekommen, und ich wollte so viel davon aufsaugen wie irgend möglich. Ich wollte ausprobieren, entdecken, mich gehen lassen und möglichst viele Haare an, auf und in mir fühlen.

Die Location war eine Art Swingerclub, die einem die uneingeschränkte, tabulose Möglichkeit bot, sich ohne Probleme näher zu kommen, sollte den vereinzelten Teilnehmern im Laufe des Abends der Sinn danach stehen. Ich war noch nie zuvor in einem solchen Club gewesen, doch die Dekoration und Atmosphäre fesselten mich umgehend. Die Wände waren in einem dunklen Bordeaux-Ton gestrichen. Schwere, in goldene Rahmen eingefasste Spiegel hingen in unmittelbarer Nachbarschaft zu den pompösen Kronleuchtern und verliehen dem Raum einen warmen Touch. Das gedämpfte Licht ließ mich nur Silhouetten von Menschen wahrnehmen. In der Mitte des Raumes befand sich eine große Bar, an der sich einige Frauen und Männer bereits bei einem Drink niedergelassen und mein Betreten des Clubs neugierig mitverfolgt hatten. Schließlich war ich Frischfleisch. Die meisten anderen schienen sich zu kennen, was ich ihren regen Gesprächen entnehmen konnte. Für mich war das alles jedoch Neuland.

Ich entledigte mich meines Mantels und bot den anderen provokativ direkte Sicht durch mein durchsichtig schwarzes Negligé. Und die anderen Gäste ließen sich nicht zweimal bitten! Etwas steif und durch die auf mir ruhenden Blicke sichtlich beschämt, machte ich mich auf den Weg zur Bar und begrüßte euphorisch die mir unbekannten Mitliebhaber – meine zukünftigen Freunde mit dem Haarfetisch. Es war eine lockere, gemütlich gemischte Runde, und ich fühlte mich umgehend gut aufgehoben. Wir redeten, lachten, witzelten, und nach und nach lenkten sich die Gespräche auf die Sexualität und ganz spezifisch auf die erotischen Wünsche und Vorlieben der verschiedenen Anwesenden. Neben mir saß ein Ehepaar, das sich seit Längerem eine zweite Frau ins Bett dazuholen wollte.

Als sie das sagten, musterten sie mich erwartungsvoll. Ich ging nicht groß auf das Gespräch ein, obwohl ich mir durchaus vorstellen konnte, mich auch mal mit einer Frau sexuell zu vergnügen. Und die Ehefrau gefiel mir. Sie war keine atemberaubende Schönheit, aber ihre Ausstrahlung hatte etwas Fesselndes. Doch am ersten Abend wollte und konnte ich mich nicht auf zwei Experimente gleichzeitig einlassen, und so winkte ich dankend ab und wandte mich den anderen Gästen zu.

Je später der Abend, umso intensiver die Diskussionen und umso häufiger die zufälligen Berührungen und Annäherungen der Anwesenden. Einige Angehörige der »Haarillas« vergnügten sich bereits auf einer großen Matte, die rechts hinter der Bar lag und mich an einen Boxring erinnerte. Wir an der Bar konnten dem regen Treiben zusehen und uns gleichzeitig daran aufgeilen. Wer Lust hatte und sich nicht mehr zurückhalten konnte, packte sich einfach einen Kandidaten an der Bar und lud ihn ebenfalls ein. Wieder andere hatten sich in die zahlreichen verschieden dekorierten Themenräume zurückgezogen.

Ich blieb nicht lange auf meinem Hocker sitzen. Viel zu gierig war ich danach, meine lange angestauten Triebe ausleben zu können. Ich setzte mich zu einem älteren, etwa fünfzigjährigen Herrn, den ich hoffnungsvoll dazu einlud, sich mit mir in einem der Räume etwas abseits der Bar zu vergnügen. Vorher stellte ich klar, dass nach meinen Spielregeln gespielt werden musste. Er zeigte sich kompromissbereit. Der Raum, den ich uns ausgesucht hatte, war nur spartanisch ausgestattet; neben dem Sofa zierten nur ein kleiner Tisch und ein harter Holzstuhl das Bild. Ich befahl meinem Gespielen, sich nackt auf den Tisch zu setzen, und setzte mich direkt vor ihm auf den Stuhl – meine Augen auf Höhe seiner Genitalien. Wohlweislich hatte ich einige meiner Haarfetisch-Utensilien eingepackt und entschied mich zur Feier meines »ersten Mals« für einen mittelgroßen, dunkelbraunen Hornkamm. Endlich konnte ich loslegen, mich entladen. Seltsamerweise fühlte ich mich weder unsicher noch verloren, sondern kämmte wie ein absoluter Vollprofi voller Erregung den Schambereich des Mannes, der mit gespreizten Beinen vor mir auf dem Tisch saß. Von Hadern und Peinlichkeit weit und breit keine Spur. Ich fühlte mich voll und ganz in meinem Element. Wie ein zappelnder Fisch, der vom Trockenen zurück ins Wasser geworfen wird. Nach einem intensiven Orgasmus machte ich mich zufrieden auf den Weg nach Hause.

Ich versprach mir selbst, mich in einem Monat wieder mit der Truppe am selben Ort zu treffen, denn die Erfahrung hatte zwar wie erhofft endlich Linderung meiner sexuellen Frustration gebracht, gleichzeitig jedoch dieses brennende Verlangen nach mehr geschürt. Ich wollte alles von der intimen Welt des Haars und der damit verbundenen hemmungslosen Triebbefriedigung kennenlernen und bis aufs Äußerste erforschen.

Und genau dies tat ich auch. Meinen ersten Partner und späteren Ehemann lernte ich ebenfalls bei den »Haarillas« kennen. Das erste Mal in meinem Leben fühlte ich mich vollkommen, glücklich und gänzlich erfüllt. Mein Mann und ich harmonierten und teilten dieselben fetischistischen Neigungen und Vorlieben. Anders hätte ich mir eine Beziehung auch nicht vorstellen können, denn mein Fetischismus dominierte mittlerweile mein halbes Leben – nicht nur das Sexleben. Außerdem hieß für mich Lieben nicht nur Akzeptieren, sondern in erster Linie Verstehen und Teilen, und wie hätte dies auf sexueller Ebene mit jemandem funktionieren können, der an meiner außergewöhnlichen Vorliebe kein Gefallen finden konnte?

Die Jahre vergingen, in denen ich damit beschäftigt war, die intime Zweisamkeit mit meinem Mann zu genießen und unsere Neigung weiter zu entdecken. Irgendwann jedoch wurde ein anderes Bild als die Haarpracht meines Partners Zentrum meiner Fantasie. Es war das Bild des Ehepaars, vielmehr der Frau, die bei meinem ersten »Haarilla«-Treffen neben mir an der Bar gesessen hatte. Ich konnte mir nicht erklären, aus welcher Versenkung diese obsessiven Gedanken plötzlich erschienen waren, und versuchte, sie über Monate hinweg zu verdrängen – erfolglos. Irgendwann wurde mir klar, dass Verdrängen nicht die richtige Taktik war. Ich sprach mit meinem Ehemann darüber, der mich sofort ermutigte, das Paar zu kontaktieren. Ich war mir überhaupt nicht sicher, ob es die Frau war, die mich interessierte, oder ob meine plötzlich entflammte Neugierde dem weiblichen Geschlecht ganz allgemein galt.

Ich entschied mich für eine Anzeige im Kontaktforum der »Haarillas«, um das Pärchen wiederzufinden. Aber es geschah nichts. Keine Antwort. Noch nach mehreren Wochen hatte ich keine Nachricht von den beiden. Zuerst fühlte ich mich entmutigt, weil ich die Situation nicht richtig zu deuten wusste. Vielleicht hielten sie sich nicht mehr in diesen Kreisen auf, schließlich waren seit dem ersten Treffen einige Jahre vergangen. Aber was, wenn sie die Kontaktanzeige gelesen hatten, jedoch nicht mehr an mir interessiert waren, nachdem ich sie bei diesem ersten Treffen mit ziemlich viel Desinteresse hatte abblitzen lassen?

Mein Partner ermutigte mich, nicht aufzugeben und statt der virtuellen Kontaktaufnahme doch eher dem bevorstehenden Monatstreffen der »Haarillas« beizuwohnen. Vielleicht hätte ich da mehr Glück. Ich glaubte zwar nicht wirklich daran, ließ es aber auf einen Versuch ankommen.

So machte ich mich zwei Wochen später alleine auf den Weg zum Swingerclub. Lange war es her seit meinem letzten Zusammentreffen mit den Gruppenmitgliedern. Die Atmosphäre und die Magie, die von der Location und der Gruppe ausgingen, zogen mich umgehend wieder in den Bann, und ich fühlte, dass dies ein spezieller Abend werden würde. Ich war bereit, was Neues auszuprobieren – mit oder ohne Paar.

Doch noch während ich in Gedanken versunken den Club betrat, sah ich das Ehepaar auch schon in eine lautstarke Unterhaltung mit einem anderen »Haarilla« verwickelt auf dem Sofa in der Nähe der Bar sitzen. Im ersten Moment war ich mir nicht sicher, ob ich einfach auf die beiden zugehen und damit eventuell Gefahr laufen sollte, mich lächerlich zu machen. Schließlich wusste ich nicht, warum sie sich nicht auf meine Anzeige gemeldet hatten. Ich fühlte mich hin und her gerissen, doch da sie schließlich der Grund meines Besuchs waren, wollte ich nicht kampflos auf die langersehnte Chance verzichten. Ich machte mich mit zaghaften Schritten auf in ihre Richtung, und als ich etwa auf der Hälfte der Strecke zweifelnd stehen blieb, drehte sich die Frau unerwartet zu mir hin, blickte mich mit fragender Miene an und winkte mir zu. Sie hatte mich wiedererkannt! Beschwingt begab ich mich in ihre Richtung, umarmte sie und ließ mich neben ihr auf dem Sofa nieder. Ihr Mann Ronny begrüßte mich ebenfalls freundlich, und alle drei fanden wir sofort ins Gespräch.

Ruth – so hieß sie – sprach nicht viel. Sie war eine dieser gut erhaltenen, überdisziplinierten Mittvierziger-Frauen, die wohl das Innere des Fitnessstudios – zuzüglich der Sonnenbank – öfters sahen als ihren Ehemann. Doch hinter ihrer harten Schale verbarg sich mehr, und obwohl ich dies nur vermuten konnte, war ich mir sehr sicher. Die Frau reizte mich. Dass mir diese Anziehung bei unserem ersten Treffen nicht bewusst aufgefallen war, hatte wohl an meiner eindimensionalen Fixierung auf meinen Haarfetisch und der panischen Angst vor einer unmittelbaren Überforderung gelegen. Doch heute war es anders, und ich sah Ruth nicht mit anderen Augen, jedoch ganz bestimmt mit offenerem Blick.

Ruth schwieg noch immer, und Ronny war mittlerweile bei der akribischen Erläuterung seiner Fantasien eines Dreiers angekommen – eine Umsetzung, die nach all den Jahren noch auf sich warten ließ, da der perfekte weibliche Gast noch nicht gefunden war. Ronnys sehnlichster Wunsch war es nämlich, dabei zuzusehen, wie die Gastakteurin seine Ehefrau verwöhnte, sich mit ihren Haaren vergnügte und dabei Ronnys Anweisungen bedingungslos befolgte. Ruth äußerte sich nicht groß dazu, sondern schien seine enthusiastischen Erläuterungen schon in- und auswendig zu kennen. Fast gelangweilt erschien sie mir, und ich kam nicht darum herum, eine Spur von Abneigung und Ekel in ihrem Gesicht zu entdecken. Aber vielleicht täuschte ich mich auch.

Nach Beendigung seines Monologs sah Ronny zuerst erwartungsvoll zu mir und wandte sich dann mit einem Nicken zu Ruth. Ich konnte nur erahnen, was dies zu bedeuten hatte, denn mittlerweile berührten Ruths Hände sanft und doch unmissverständlich meinen Oberschenkel. Zuerst an der Außenseite. Dann langsam an der Innenseite. Es traf mich wie ein Blitz, als ich die sanften Berührungen ihrer zarten, warmen Hände spürte. Ich ließ mich aufs Sofa zurückfallen und spreizte meine Beine etwas weiter, womit ich den beiden wortlos zu verstehen gab, dass sie mit mir genau richtig lagen und ich mich dazu bereit erklärte, ihren – also eigentlich Ronnys – Fantasien endlich ein Gesicht zu geben. Ich war so sehr mit Ruths Berührungen beschäftigt, dass ich nur am Rande bemerkte, wie Ronny verschwand und sich kurz darauf wieder zu uns hinsetzte. Er hatte einen Raum für uns drei reserviert. Ruth erhob sich sogleich und zog mich gespielt euphorisch an beiden Händen nach.

Ich wurde nicht richtig schlau aus ihr. Sie schien so erhaben, überlegen und im selben Atemzug mit Haut und Haar Ronny untergeben. Die beiden waren seit 15 Jahren zusammen. Vielleicht wollte sie die Ehe einfach nicht aufs Spiel setzen und litt ihm zuliebe. Ich wusste nicht, wie viel sie tat, um ihm einen Gefallen zu tun, oder wie viel sie tatsächlich aus freien Stücken tun würde. Ich war zwar keine Psychologin, aber dass sie von dem ganzen Unterfangen nicht wirklich angetan schien, musste sogar Ronny auffallen. Dementsprechend fiel es mir schwer, mich unbekümmert auf die Situation einzulassen. Ich mochte es nicht, das Gefühl zu haben, dass ich mich jemandem aufzwang.

Doch Ronny war so Feuer und Flamme, dass mir ein Rückzieher als das größere Übel erschien, denn er hatte etwas sehr Herrisches und unterschwellig Aggressives an sich. Wäre es nicht für Ruth gewesen, hätte ich mich nie auf ihn eingelassen. Aber ich fühlte mich komplett machtlos angesichts der Anziehung, die sie auf mich ausübte, und so beschloss ich, mich der Situation hinzugeben.

Der Raum war im Vergleich zum Rest des Clubs schlicht und kühl gehalten. Die Wände waren weiß, das helle Licht akzentuierte die Sterilität der Realität und verschluckte jedes noch so kleinste Aufkommen von Sinnlichkeit und Wärme. Ronny setzte sich auf einen kleinen Hocker in der rechten Ecke des Raums und befahl seiner Frau, sich völlig nackt auf den Stuhl in der Mitte des Zimmers zu setzen. Es war kein normaler Stuhl, sondern eher eine Mischung aus Gynäkologenstuhl und Folterliege.

Ich fühlte mich etwas fehl am Platz, als ich passiv neben Ruth stand, und als Ronny mich zu sich herüberwinkte, ging ich zu ihm. Aus den Augenwinkeln sah ich zu, wie sich Ruth ihrer Kleidungsstücke entledigte. Zuerst die transparente weiße Bluse, dann die enge, schwarze Reiterhose, die Lackstiefel, gefolgt von ihren schwarzen Spitzendessous. Mir blieb der Atem weg. Nie zuvor hatte ich so einen erotischen Körper gesehen. Trotz ihrer 45 Jahre war ihre Haut straff, und noch nackt schien sie betörend anmutig und elegant. Ihr Intimhaarkleid glänzte im Schein des Lichts golden blond und war von einer exquisiten Dichtigkeit. In mir jauchzte es!

Ronny befahl mir, mich vor ihm hinzuknien, und befestigte eine mittelgroße Taschenlampe – wie Höhlenforscher sie tragen – an meiner Stirn. Ruth hatte sich mittlerweile in den Stuhl gesetzt und wartete mit gespreizten Beinen auf Ronnys weitere Anweisungen. Dieser gab mir einen Klaps auf den Po und führte mich zu Ruth, vor die ich mich hinzusetzen hatte, so dass mein Gesicht ganz nah an ihrer wunderschön vollbehaarten Muschi lag. Ich unterdrückte das Schamgefühl, das in mir aufstieg, und suchte fragend ihren Blick. Ich musste wissen, ob ihr die Situation auch unangenehm war. Doch Ruth hielt ihre Augen geschlossen und gab dann und wann nur ein lustvolles Stöhnen von sich. Ich fühlte, wie mein Blut durch meine Adern pumpte und meine Klitoris zu einer einzigen Lustperle schwoll. Ronny ließ uns einige Minuten in dieser Stellung ausharren und forderte mich danach auf, die Muschihaare seiner Frau mit meiner Zunge zu befeuchten. Meine Hände durfte ich dabei nicht benutzen, sondern musste sie sichtbar hinter meinem Rücken verschränken. Er wollte jeden Schritt ganz genau beobachten und rieb sich dazu immer wieder seinen Penis. Ihm schien unser Treiben zu gefallen, denn sporadisch erklang sein schweres Schnauben aus der Ecke des Zimmers.

Ruth lag in ihrer ganzen Pracht willig vor mir, und ich durfte ihre wunderschönen Haare und ihre Klitoris mit meiner Zunge lecken. Ronny vergaß ich dabei völlig und blendete auch seine immer lauter werdenden Anweisungen aus meiner Wahrnehmung aus. Ronny? Wer war schon Ronny? Ich wollte Ruth! Ich wollte meine Fantasien mit ihr ausleben. Nicht seine. Ich riss die Höhlenforscherlampe von meinem Kopf, entledigte mich meiner Kleider und setzte mich auf Ruth, die vom lauten Geräusch der auf den Boden aufprallenden Lampe aus ihrer Trance gerissen worden war. Ihr Gesichtsausdruck verriet, dass sie über die unerwartete Wende dieser Inszenierung mehr als nur glücklich war. Ihre Augen lächelten mich an, und ihre Hände zogen mich dicht zu sich heran. Ich spürte die Wölbung und Weiche ihrer Brüste an meinen, und für einen langen Moment vergaß ich meinen Haarfetisch.

Suchend schmiegte ich mich dicht an Ruth, deren Lippen sich meinem Gesicht genähert hatten und mich nun behutsam liebkosten. Jeden einzelnen Zentimeter meines Gesichts. Ihre Kühle war auf einen Schlag wie weggeblasen, und da waren nur noch Zärtlichkeit und die Sehnsucht nach Wärme, Geborgenheit, Zugehörigkeit.

Ronny schien mittlerweile den Raum verlassen zu haben, denn ich konnte ihn, geschweige denn seine militärischen Kommandos nicht mehr hören. Lange verharrten Ruth und ich in dieser Position. Ich auf ihrem nackten Schoß sitzend. Wir küssten uns. Fühlten uns. Schmeckten uns. Rieben uns aneinander. Zwischen meinen Beinen pochte es immer noch wie wild. Ich wollte mehr. Mehr und noch mehr. Ich wollte meinen ersten Orgasmus mit dieser Frau. Nicht mit irgendeiner Frau, nein, mit ihr. Ruth. Ich wollte mich ihr als Frau voll und ganz hingeben. Ruth spürte mein Verlangen und suchte sich mit ihrer Hand den Weg runter zu meinem Intimbereich. Sie umspielte zuerst neckisch meine Klitoris, indem sie ganz sachte mit ihren Fingern über meine Schamlippen fuhr, runter zum Scheideneingang und wieder von vorne anfing. Sie quälte mich und genoss es in vollen Zügen, dabei zuzusehen, wie sich meine Lust ins Maßlose steigerte.

Ungeduldig begann ich, mich auf ihrem Schoß auf und ab zu bewegen. Ruth ließ sich Zeit, bevor sie endlich mit ihren Fingern in mich eindrang. Ich stöhnte laut. Es war das atemberaubendste, unbeschreiblich schönste Gefühl überhaupt, sie in mir zu spüren und gleichzeitig ihre Schamhaare durch meine Hände gleiten zu lassen. Ich war im Paradies, und genauso fühlte sich mein Orgasmus auch an. Ich schrie vor Gier und Lust, als mich Ruth mit einem heftigen letzten Stoß erlöste und von einem Traum in den nächsten beförderte.

Der nächste Traum war ihre Liebe. Unsere Liebe. Denn es war Ruth, für die ich ein paar Monate später meinen Ehemann verließ. Obwohl ich in meiner vorherigen Beziehung glücklich und erfüllt gewesen war, kam es nie und nimmer an das heran, was ich für Ruth fühlte und mit ihr teilte. Der Haarfetisch gehört glücklicherweise zu den wenigen Dingen, die Ruth nicht ihrem Gatten zuliebe vorgespielt hatte. Wir leben unseren gemeinsamen Fetisch in vollen Zügen aus, und ich könnte weiterhin nicht darauf verzichten. Ob ich wirklich lesbisch bin, weiß ich nicht. Sowieso halte ich nichts von Kategorisierungen. Ich liebe eine Person, und das ist nun mal Ruth. Und Ruth ist eine Frau. Macht mich das zur Lesbe? Ich habe vor und auch während der Beziehung mit Ruth nie eine andere Frau begehrt – ausschließlich Männer und natürlich Haare. Ich kann mir auch nicht vorstellen, wie es in Zukunft sein wird, da ich in meiner momentanen Beziehung zu hundert Prozent zufrieden bin und hoffe, dass dieses Gefühl noch lange anhalten wird. Ich lasse es auf mich zukommen. Alles, was ich weiß, ist, dass ich mich unendlich dankbar und glücklich schätzen kann, wahre Liebe und Lust erfahren zu haben.

Bitterer Nachgeschmack

Stephanie, 29

Mein erstes Mal mit einer Frau war leider nicht so der Bringer. Dabei fing die Geschichte einigermaßen vielversprechend an und ließ mich auf ein, wenn nicht glückliches, dann wenigstens bereicherndes Ende hoffen – ziemliche Fehlanzeige.

Ich schleppte mich zu diesem Zeitpunkt als zunehmend denkfaule Studentin durchs Rechtswissenschaftsstudium an der Universität in Hamburg. Die meiste Zeit verbrachte ich über dicken Schmökern zum römischen Justizsystem. Nein, ich büffelte nicht emsig, sondern schlug mir immer wieder gegen den Kopf und fragte mich: Welcher geistesschwache Zustand hat mich bloß dazu getrieben, die Immatrikulationsunterlagen für diesen Studiengang zu unterzeichnen und sie auch noch in den Postkasten zu werfen? Wahrscheinlich waren die amerikanischen TV-Serien für passive Hirnis im Stile von *Law & Order* und *Ally McBeal* schuld, die mich ambitionsloses Wesen mit Versprechungen von Ruhm und Reichtum lockten. Es war ihnen gelungen, denn beim Ausfüllen der Immatrikulationsdokumente begleitete mich das verlockende Zukunftsbild meines in knapp einem halben Jahrzehnt neugeborenen Ichs: Ich würde so ziemlich im besten Alter, um die dreißig Jahre alt, sein. In grauem Nadelstreifenanzug, eine schwarze Ledermappe unter dem Arm, mit einer bei jedem

Schritt locker mitwippenden Drei-Wetter-Taft-Mähne und einem siegessicheren Lächeln würde ich die Gerichtshöfe dieser Welt mit meinen mitreißenden Plädoyers aufmischen.

Zwei Jahre nach Beginn des anfänglich vielversprechenden Studiums sah dies natürlich ganz anders aus, und ich konnte mich weder mit der Unterrichtsmaterie noch mit meinen Kommilitonen identifizieren. Ich stammte nicht aus reichem Hause und kam auch nicht jeden Tag mit Papas Jaguar an die Uni gebraust, geschweige denn trug ich Polohemden mit hochgestellten Krägen und dazu blau-weißes Matrosen-Fußwerk. Ich war eine von der versifften Sorte, die im Vorlesungssaal aufgrund ihrer Unangepasstheit sofort auffiel. Negativ natürlich. Ich kämmte nur selten meine wilde Haarpracht, beließ sie vorzugsweise im Urzustand, ganz egal, wie willkürlich sie sich gerade ausdehnte. Ich war durch meine vegane Ernährung spindeldürr und trug ein auffälliges ringförmiges Piercing in der Nase, das mir in null Komma nix den Spitznamen »Büffelbraut« einbrachte. Ich stand über der Sache, denn schließlich fand ich es ultracool, und Jimmy, mein damaliger und heutiger Partner, ich zitiere: »oberhammersexy«.

Jimmy und ich waren das, was man wohl ein alternatives Pärchen nennen könnte. Am Wochenende tanzten wir uns durch eine Reihe psychedelischer Goa-Partys, angelockt vom tranceartigen Sound, der uns alles um uns herum vergessen ließ, und dem verführerischen Angebot an allerlei Kräuter- und Naturheilmitteln – Drogen. Ich spickte oft und gerne. Das förderte meine Kreativität und spendete Trost. In der Dimension des halluzinogenen Vergessens brauchte ich keine Freunde, sondern erfreute mich dankbar an mir selbst und meiner kontroversen Individualität.

Das fehlende Zugehörigkeitsgefühl führte dazu, dass ich mich nach und nach von der Uni und meinen Kommilitonen abzukapseln begann. Es schien einfach nicht meine Welt zu sein, und wenn ich ehrlich war, konnte ich unter all den schaffensfreudigen angehenden Junganwälten niemanden entdecken, den ich sympathisch fand. Ihre trügerische Kultiviertheit kotzte mich an, und obwohl mich während so mancher Vorlesungen die Einsamkeit plagte, war ich nicht bereit, eine getürkte Freundschaft mit meinen Kommilitonen einzugehen.

Ich gebe zu, das ist ein bisschen übertrieben. Es gab zwei Mädchen, mit denen ich öfters die Mittagspause verbrachte und die mich regelmäßig mit den aktuellen Vorlesungsunterlagen fütterten, da es mit meinen organisatorischen Fähigkeiten nicht weit her war. Sie hielten mich sozusagen studientechnisch über Wasser. Also eigentlich nur eine der beiden. Charlotte. Sie war die gehorsam disziplinierte Pflichtbewusste des ungleichen Duos. Nicole – ihr Gegenbild – war mindestens ebenso chaotisch und desorganisiert wie ich und teilte zudem meine akademische Teilnahmslosigkeit. Charlotte in ihrer Gewissenhaftigkeit gehörte praktisch zum fixen Uni-Inventar, und wann immer ich mich dafür entschied, mal wieder eine Vorlesung zu besuchen, konnte ich sicher sein, sie dort anzutreffen. Nicole war eher ein seltener Gast, und wenn sie sich mal dazu aufraffen konnte, den mühseligen Weg an die Uni auf sich zu nehmen, dann kritzelte sie meist unleserliches Zeug in ihre Unterlagen. Es war mir ein Rätsel, wie sie sich durch die ersten beiden Vordiplomprüfungen geschlängelt hatte – bei dem Engagement.

Charlotte und Nicole unterschieden sich nicht nur in ihrer Persönlichkeit, sondern auch in ihrem Erscheinungsbild. Charlotte war trotz ihrer 23 Lebensjahre ein Mädchen geblieben, dem man nur neutrale Qualitäten zuschreiben konnte. Nichts, das irgendwie markant wirkte und auf den ersten Blick die Aufmerksamkeit auf sich gezogen hätte. Bis auf ihre Größe vielleicht, denn mit ihren 150 Zentimetern berührten ihre Füße nur knapp den Boden, wenn sie sich auf den harten Holzbänken unseres Auditoriums niederließ. Charlotte trug ihr halblanges braunes Haar in einer Art Anti-Frisur nüchtern zu einem Zopf zusammengebunden und war stets adrett gekleidet. Obwohl sie so gar nicht zu mir passte, hatte sie sich mit ihrer Herzlichkeit und Gutmütigkeit einen Weg zu meinem Herzen gegraben.

Nicole war der stereotype Vamp, wie er im Bilderbuch steht. Hochgewachsen, sportlich und schlank, mit einem flippigen Kurzhaarschnitt. Ihre nonchalante Art erinnerte mich an die Diven Hollywoods, und so in etwa gab sie sich auch – jedenfalls äußerlich. Wenn man sie mal besser kannte und sich die Mühe machte, diese oberflächliche Hülle zu durchbrechen, stieß man ziemlich schnell auf ihre ziemlich außergewöhnliche, fesselnde Persönlichkeit. Nicole war in vierlerlei Hinsicht faszinierend.

Wenn ich das Bild dieser beiden ungleichen Wesen betrachtete, fragte ich mich oft, was die beiden wohl verbinden mochte. Gegensätze ziehen sich ja bekanntlich an, aber irgendwie schienen mir die zwei Damen außerordentlich verschieden. Bei der Frage tappte ich lange im Dunkeln. Erst knappe zwei Jahre nach unserem Kennenlernen fand ich die Lösung des Rätsels. Charlotte begann sich mir gegenüber in der letzten Zeit ziemlich abweisend und gleichgültig zu verhalten. Ich stellte mir wieder und wieder die Frage, ob irgendwas vorgefallen war, das an meinem zugegebenermaßen nicht immer aufmerksamen Auge unbemerkt vorbeigegangen sein könnte. Ich beschloss, Nicole zu Rate zu ziehen, die jedoch nur mit den Schultern zuckte und mir damit ihre Ahnungslosigkeit – ihre vermeintliche Ahnungslosigkeit – kommunizierte. Ich beschloss, die Sache auf sich beruhen zu lassen und Charlotte nicht auf ihr seltsames Verhalten anzusprechen. Irgendwann würde hoffentlich wieder von selbst Normalität in unsere

Kameradschaft einkehren. Ich tat so, als würde mir ihr merkwürdiges Benehmen nicht auffallen, und behandelte sie ganz normal.

So ging es einige Wochen, fast Monate, bis mich Charlotte eines Tages unerwartet nach der Vorlesung auf einen Drink einlud. Ich sagte zu und spürte, dass ich wohl in nur wenigen Stunden die Gründe für ihr befremdendes Verhalten erfahren würde. Und so kam es auch. Nach anfänglichem Rumgedrucke brach es aus ihr heraus und sie gestand mir ihre Liebe. Ich konnte ihr in meiner Verwirrtheit kaum folgen und schaute sie nur ungläubig an. Ich war nicht schockiert – wieso sollte ich auch. Irgendwie empfand ich ihr Geständnis als schmeichelnd, nur hätte ich nie und nimmer damit gerechnet.

Wir sprachen lange und intensiv über Charlottes Gefühle, und dabei erfuhr ich, dass ihre heimliche Zuneigung zu mir nicht nur der Grund ihres seltsamen Verhaltens war, sondern dass ihre Vorliebe für Frauen sie auch mit Nicole verband. Eine weitere kleine Überraschung an diesem aufschlussreichen Abend. Damit hätte ich noch viel weniger gerechnet. Lesben hatte ich mir bisher ganz anders vorgestellt. Nicht so feminin. Zumindest Nicole passte so ganz und gar nicht in meine vorgefertigte Schublade.

Ich hatte mich bis zu dem Tag nie groß mit dem Thema Homosexualität auseinandergesetzt, geschweige denn es jemals selbst ausprobiert oder in Erwägung gezogen. Ich versuchte, Charlotte so schonend wie möglich klarzumachen, dass ich mich leider nicht zu Frauen hingezogen fühlte, unsere Freundschaft jedoch gerne unverändert beibehalten wollte, da sie mir sehr am Herzen lag. Charlotte versprach, ihr Bestes zu geben, obwohl sie mir nichts garantieren konnte. Meinen »Korb« wollte sie zuerst einmal etwas sacken lassen. Wir verabschiedeten uns, und ich machte mich auf den Nachhauseweg.

Ich war überrascht. Es lag an Nicole, nicht an Charlotte. Ich kam nicht drum herum, sie in den kommenden Wochen in einem anderen Licht wahrzunehmen. Ihre Art hatte mich schon fasziniert, bevor Charlotte sie geoutet hatte, ohne dass ich mir etwas dabei gedacht hätte. Sie war einfach eine überdurchschnittlich gut aussehende, ziemlich durchgeknallte Frau, die einen in vielen Bereichen immer wieder überraschte. Eine willkommene Abwechslung inmitten der ganzen verstaubten Jurastudenten. Jetzt, mit dem zusätzlichen Hintergrundwissen, verstärkte sich ihre Anziehungskraft zunehmend. Vielleicht steigerte ich mich da bloß rein, aber ich wurde zunehmend nervös, wenn ich Nicole an der Uni über den Weg lief oder sie bei unseren zahlreichen Gesprächen scheinbar zufällig berührte.

Ich sprach mit meinem Freund Jimmy darüber. Ich wusste, dass ich ihm alles erzählen konnte – egal wie bizarr, vermeintlich inakzeptabel oder unmöglich es auch war. Jimmy nahm es wie immer gelassen und ermutigte mich dazu, mich nicht gegen meine Neugierde zu wehren, sondern es einfach mal auszuprobieren. Außerdem fand er die Vorstellung von mir zusammen mit einer anderen Frau im Bett ziemlich scharf – Männer und ihre nimmersatten Erotik-Fantasien! Wahrscheinlich hoffte er insgeheim, mal mitmischen zu können. Aber da hatte er sich gewaltig geschnitten!

Trotzdem war ich ihm unsagbar dankbar dafür, dass er mich in meinem Fühlen und Tun unterstützte und sich so verständnisvoll zeigte. So zerstreute er meine Ängste und gab mir den nötigen Mut, um mich dieser neuen Herausforderung zu stellen.

Ich begann, vermehrt Nicoles Nähe zu suchen und sie scheinbar zufällig in längere philosophische Diskurse über den Sinn des Lebens und vor allem dieses Studiums zu verwickeln. Die Abneigung unserem Studiengang gegenüber war unser gemeinsamer Nenner, auf den ich mich in unseren anfänglich kurzen Gesprächen stets berufen konnte. Unser Kontakt wurde ganz unterwartet intensiver, als mich Nicole eines Sommernachmittags zu einem Drink einlud.

Darum ließ ich mich kein zweites Mal bitten, und Nicole und ich begannen, uns regelmäßig außerhalb der Uni auf Drinks und für sonstige Mädels-Aktivitäten zu treffen: Shopping, Clubbing, Kochen, Kino und so weiter. Dabei verhielt sich Nicole mir gegenüber stets korrekt, und sehr zu meiner Enttäuschung startete sie auch nach ein paar Monaten regelmäßiger Treffen keinen offensichtlichen Versuch, mir körperlich näher zu kommen. Ich deutete ihr defensives Verhalten als Zeichen ihres – wenigstens sexuellen – Desinteresses.

Ich selbst war zu feige, um einen Annäherungsversuch zu starten. Die Situation war für mich komplettes Neuland, und ich wollte nicht Gefahr laufen, mich lächerlich zu machen. Unsere Freundschaft war mir auch ohne meine mittlerweile intensiven Gefühle für Nicole sehr wichtig geworden, und ich zweifelte immer mehr daran, ob ich unsere freundschaftliche Beziehung für eine möglicherweise einmalige Erfahrung aufs Spiel setzen sollte.

Eines Freitagnachmittags klingelte mich mein Handy aus meinem demotivierten Büffeln für die anstehenden Zwischenprüfungen. Es war Nicole, die VIP-Eintrittskarten für ein Club-Event ergattert hatte und am selben Abend mit mir dorthin gehen wollte. Mit einem kleinen Freudenschrei sagte ich zu, klappte meinen dicken Wälzer zusammen und machte mich dankbar für diese unerwartete Ablenkung bereits um 16 Uhr auf die nicht ganz unkomplizierte Suche nach einem Partyoutfit, welches nicht nur mein Selbstwertgefühl steigern, sondern zugleich Nicoles Interesse schüren sollte – wenngleich die Chancen dafür, gemessen an unseren etlichen Partybesuchen zuvor, geradezu armselig waren.

Als ich mit dem Styling fertig war, klingelte es etwas verfrüht an meiner Haustür, Nicole stürmte ungeduldig in die Bude und drückte mir eine Flasche Schampus in die Hand. Wir stießen auf den vor uns liegenden Abend an und begaben uns einige Stunden später, bereits ziemlich angetrunken, zum besagten Club. Nicole hatte nicht zu viel versprochen. Es handelte sich bei diesem Event um eine halbjährlich stattfindende Schwulen-Party, bei der ausgelassen, mit viel nackter Haut, das Leben gepriesen und getanzt wurde. Es dauerte nicht lange, und die Partylaune erfasste auch uns, und wir begannen, so richtig die Sau rauszulassen. Als gäbe es kein Morgen. Wenn Nicole etwas konnte, dann war es feiern … die angehende, seriöse Frau Rechtsanwältin.

Irgendwann gegen vier Uhr morgens ließen uns allmählich die Füße im Stich. Nicole schien nicht halb so müde wie ich, und während ich am Bahnhof Altona auf den Nachtbus wartete, bot sie mir an, ich könne bei ihr übernachten. Ihr Cousin hätte sich zwar für ein paar Tage eingenistet, aber das solle uns nicht weiter stören. Es war das erste Mal, dass mich Nicole zu sich nach Hause einlud. Bisher hatten wir uns entweder bei mir oder an irgendwelchen öffentlichen Orten getroffen. Ich willigte ein, und wir begaben uns Richtung Berliner Tor zu ihrer Zwei-Zimmer-Residenz.

Ihre Wohnung war wie erwartet geschmackvoll und stylish, wenngleich sehr spartanisch eingerichtet. Auf dem Sofa schnarchte bereits ihr Cousin, an dem wir uns bewaffnet mit einer Flasche Mineralwasser und einer frisch angezündeten Shisha in Richtung Balkon vorbeischlichen. Es war August und die Luft trotz der frühen Morgenstunde ungewöhnlich warm. Meine Müdigkeit war auf einen Schlag wie weggeblasen, und wir rauchten und quatschten in den Sonnenaufgang hinein. Irgendwann erhob sich Nicole aus ihrem unbequemen Plastikstuhl und holte uns zur Komplettausnüchterung eine zweite Flasche Wasser. Ich hörte nicht, wie sie bei ihrer Rückkehr den Balkon betrat, und bemerkte ihr Kommen erst, als sie ihre Hände von hinten sanft auf meinen Nacken legte und ungewohnt zärtlich meine Schultern zu massieren begann. Genüsslich ließ ich meinen Kopf zurückfallen und genoss dankbar ihre Berührungen. Ermutigt durch meine Reaktion, begann sie, ihren kühlen Körper an mich zu pressen und umklammerte meine Schulter mit stärkerem Griff. Ich fasste mit meinen Händen nach hinten und zog sie an ihrem wohlgeformten Po fester an die Stuhllehne. Nicole ließ ihre Lippen über meinen Hals wandern und erforschte akribisch jeden Zentimeter meiner Haut. Kurz unterhalb der Ohrmuschel stieß sie auf meine erogenste Zone. Ich stöhnte. Es war atemberaubend! Nach all den Monaten, in denen ich mich nach Nicoles Aufmerksamkeit gesehnt hatte, entschädigte sie mich für all meine emotionalen Strapazen. Und wie sie das tat!

Plötzlich ließ Nicole von mir ab, fasste nach meinen Händen, zerrte mich an ihrem immer noch schnarchenden Cousin vorbei in ihr Schlafzimmer und ließ sich mit mir zusammen auf ihr Kingsize-Bett fallen.

Doch plötzlich waren ihre Vertrautheit und Zärtlichkeit wie wegradiert. Ihre Hände wanderten ziellos über meinen Körper, und Nicole schien keinen Wert mehr darauf zu legen, wie es mir ging und wer ich war. Keine Spur von körperlicher Wärme. Ich hatte mir in den letzten Monaten unser erstes Mal oft und intensiv vorgestellt, aber nichts von dem, was sich an diesem Abend abspielte, kam auch nur annähernd an meine Fantasien heran.

Nachdem sie mich zugegebenermaßen geschickt aus den Kleidern geschält hatte, ging es nur noch bergab. Ihre zuvor noch zuckersüßen Küsse verschwanden völlig, stattdessen war jetzt hastiges Petting angesagt. Sie streichelte grob meine Brüste, presste ihren Unterleib an meinen und umzüngelte ungeschickt meinen Bauchnabel. Dabei steckte sie immer wieder ihre spitze Zunge in meine Nabelhöhle und ließ auch, nachdem ich versucht hatte, ihren Kopf von der bereits überreizten Stelle wegzudrücken, nicht von ihrer Tätigkeit ab. Währenddessen gab sie keinen einzigen Ton von sich. Ich überlegte mir, die ganze Aktion abzubrechen, da ich ahnte, wohin das alles führen würde. Doch ich war gefangen, mein Körper gelähmt. Ich ließ es kraftlos geschehen.

Nach dem kurzen Vorspiel begab sich Nicole weiter nach unten und vollführte dort ein wenig raffiniertes Zungenspiel, das meine Lust völlig auslöschte. Sie hätte es genauso gut sein lassen können. Es war mir ein absolutes Rätsel, wie sie meine ausbleibende Reaktion nicht bemerkte. Oder war es ihr schlichtweg egal? Nach einer mir unendlich erscheinenden Zeitspanne ließ sie endlich von mir ab und verschwand ohne ein Wort im Badezimmer. Ich blieb liegen und fand mich in einem unangenehmen Gefühlschaos wieder – ich schwankte zwischen purer Erleichterung über das Ende dieser Tortur und der Verblüffung über ihr abruptes und unangekündigtes Verschwinden.

Alles, was ich mir wünschte, war Nicole als leibhaftiges, atmendes Wesen zu spüren, doch stattdessen ratterte sie bloß ihr Programm herunter und ließ sich auch von meinen zaghaften Versuchen, sie mehr in Richtung meiner Bedürfnisse zu lenken – was mich Neuling ziemliche Überwindung kostete –, nicht abbringen. Was mit einem solch wunderbar verführerischen Kuss begonnen hatte, endete in einem enttäuschenden Fiasko. Ich fühlte mich beraubt.

Gerade als ich beschlossen hatte, mich aus dem Lakenwirr-warr zu befreien und mich wieder anzuziehen, betrat Nicole das Zimmer. In der Dunkelheit konnte ich zwar nur Konturen erkennen, doch ich erkannte sofort das bedrohliche Gehänge, das zwischen ihren Beinen baumelte. Nicole zog die Riemen des Dildos straff und legte sich wieder zu mir ins Bett. Ich wusste, dass ich dem Ganzen spätestens jetzt ein Ende setzen musste. Auf gar keinen Fall würde ich mich leidenschaftslos von einem Plastik-Penis durchrütteln lassen, zumal ich für solche Angelegenheiten ja schließlich Jimmy an meiner Seite hatte. Da ich meine Stimme vor lauter Entsetzen immer noch nicht wiedergefunden hatte, hielt ich meine Beine demonstra-tiv verschlossen und schüttelte bloß den Kopf, als mich Nicole fragend musterte. »Gefällt es dir nicht?« Das waren ihre ersten Worte, seitdem wir das Schlafzimmer betreten hatten.

Wie bitte? Sie musste von einem anderen Stern kommen. Ich hatte ungefähr drei Sekunden Zeit, mir meine Antwort zurechtzulegen und mir darüber im Klaren zu sein, ob ich Nicole die Wahrheit über ihre miserablen Liebhaberfähigkei-ten mitteilen sollte. Die Aussicht auf eine sonst drohende Fort-setzung unserer »Affäre« vereinfachte mir die Entscheidung, und so klärte ich Nicole so einfühlsam wie irgend möglich über meine Enttäuschung auf. Ihr erschien meine Kritik völlig unverständlich. Vielleicht hätte ich mich nicht völlig auf sie eingelassen, erwiderte sie, und genau das hätte möglicherweise ihrer Sensibilität Abbruch getan. Ja genau! Wie auch immer.

Ich verzichtete auf weitere Diskussionen und begann, mich wieder anzuziehen. Ich fühlte mich so leer und einsam, zumal ich für Nicole wahre Gefühle hegte und es mir nicht bloß um diese eine sexuelle Erfahrung ging. Was mich noch mehr verwirrte, war der Umstand, dass die sonst so warm-herzige Nicole, mit der ich in den letzten Monaten unzählige bereichernde Momente verbracht hatte, sich plötzlich als kompletter Eisklotz entpuppte. Das Band zwischen uns war plötzlich zerschnitten. Der Bruch unserer Freundschaft lag in der Luft ... und das schmerzte noch mehr.

Nachdenklich verließ ich ihre Wohnung und beschloss, die circa sechs Kilometer zu mir nach Hause zu Fuß zurückzulegen. Ich hoffte, die frische Morgenbrise würde alle Erinnerungen an das soeben Geschehene auslöschen. Leider war dem nicht so, und der bittere Nachgeschmack der vergangenen Nacht blieb trotz größter Bemühungen haften. Zu Hause angekommen, rief ich sogleich Jimmy an und schilderte ihm haarklein mein Techtelmechtel mit Nicole. Er zeigte sich verständnisvoll, und das auch in den darauffolgenden Wochen, in denen ich wegen dieser Erfahrung schlecht drauf war. Ich vernachlässigte das Studium gänzlich, teils aufgrund mangelnder Energie, teils aus Angst, Nicole an der Uni über den Weg zu laufen. Sie hatte sich seit knapp drei Wochen nicht mehr gemeldet. Es schien ihr egal zu sein, was aus unserer Freundschaft wurde und wie es mir dabei ging. Vielleicht hätte eine Konfrontation ihrem Selbstwertgefühl geschadet – doch mir hätte sie bestimmt gutgetan.

Ich habe Nicole nie mehr darauf angesprochen. Wir sind uns während des Studiums noch ein paar Male begegnet, und obwohl wir uns während der restlichen zwei Studienjahre wieder zaghaft annäherten, gelang es uns nicht, unserer Freundschaft die Dimension wiederzugeben, die sie anfänglich gehabt hatte. Ich war in erster Linie enttäuscht von Nicoles Verhalten. Ich fühle mich, als hätte sie mir etwas weggenommen, eine Erfahrung, dich ich so gerne auf positivere Art und Weise gemacht hätte. Jetzt werde ich mich so schnell nicht wieder darauf einlassen.

Ein lange geträumter Traum

Adriana, 47

Es ist nicht einfach, mein erstes Mal mit einer Frau zu beschreiben, obwohl es gar nicht mal allzu lange her ist. Ich finde es einfach schwierig, es in Worte zu fassen. So vieles, das in meiner Fantasie, in meiner Vorstellung stattgefunden hat – prägender fast als der eigentliche körperliche Part.

Ich bin 47 Jahre alt, stolze Mutter von zwei wunderbaren Töchtern, die beide mittlerweile volljährig und deswegen außer Hause sind, geschieden, seit einigen Jahren aber wieder glücklich in einer Beziehung mit einem Mann. Sexualität ist für mich ein weitläufiges Feld, auf dem ich mich gerne austobe und in dem es für mich immer wieder Prickelndes zu entdecken gibt. Noch heute. Grundsätzlich bin ich sehr liberal. Deshalb überraschte es wohl nicht, dass ich schon länger von einem erotischen Erlebnis mit einer Frau träumte. Bis vor Kurzem fand dieses Verlangen jedoch ausschließlich in meinem Kopf statt. Eigentlich konnte ich mir nie so richtig ausmalen, wie sich Sex zwischen zwei Frauen abspielen könnte. Im Groben natürlich schon – Sex kann man schließlich nicht neu erfinden. An den Details musste mein unkreatives Vorstellungsvermögen aber noch arbeiten. Der Wunsch nach homoerotischer Tuchfühlung war auch kein dringlicher, eher eine langsam gedeihende Neugierde, die über die Jahre hinweg zunehmend stärker Besitz von mir ergriffen hat.

Was der eigentliche Auslöser für dieses Interesse am weiblichen Geschlecht gewesen ist, kann ich noch heute nicht wirklich erklären. Ich hatte zwar schon als Teenager eine Vorliebe für weibliche Brüste, das war's dann aber auch schon in Sachen Frauenbegierde. Es war eher eine Art ästhetische Faszination. Ich fand – und finde es noch immer – unheimlich erregend, wenn Frauen einen großen Busen haben, und ich musste mich schon in meinen jungen Jahren zurückhalten, bei etwas besser bestückten Frauen nicht einfach drauflos-zugrabschen. Damals natürlich noch in kindlicher Naivität. Ein Psychologe hätte wohl seine Freude an mir und meinem Brust-Fetisch. Aber nein, ich wurde weder bis in alle Ewigkeit gestillt, noch hat meine Mutter mir die Milch völlig verweigert. Der wahre Grund bleibt ein Mysterium. Möglicherweise faszinieren mich große Brüste, weil sie mir selbst verwehrt geblieben sind. Statt des erhofften Doppel-Ds schleppe ich seit jeher zwei mittlerweile halbleere, schlaffe Brüste der Größe B durch die Welt.

Meine Freundinnen und ich gehen offen mit dem Thema Sexualität um. Praktisch jede von ihnen hat entweder in ihrer Jugend mal ein homoerotisches Vorkommnis gehabt oder kann es sich zumindest vorstellen, einmal in ihrem Leben mit einer Frau zu schlafen. Nur kann keine meiner aufgeschlossenen Vertrauten wirklich meine Faszination für weibliche Brüste nachvollziehen.

Meine beiden Mädels erziehe ich getreu meiner Lebenseinstellung: Sie sollen ihrem Herzen folgen, egal wohin es sie führt. Es gibt keine Tabus, solange die beiden dabei glücklich sind und ihrem Umfeld keinen Schaden zufügen. Ironischerweise leben alle beide in ultra-konventionellen, langjährigen heterosexuellen Beziehungen. Das nennt man wohl Gegenrebellion.

Eine meiner allerbesten Freundinnen – die sich schon in ihren Zwanzigern als Lesbe geoutet hat – ist vor eineinhalb Jahren endlich von ihrem mehrjährigen Auslandsaufenthalt in den Vereinigten Staaten zurück nach Zürich gezogen und hat mich kurz nach ihrer Übersiedlung auf einen Wochenendbesuch in ihr neues Zuhause eingeladen. Schließlich galt es, die Geschehnisse der letzten drei Jahre aufzuarbeiten, und ich hatte den Moment, in dem ich sie endlich wieder in meine Arme schließen durfte, über all die Monate ungeduldig herbeigesehnt. Den Termin mussten wir leider immer und immer wieder verschieben, weil uns entweder Berufliches oder Familiäres einen Strich durch die Rechnung machte. Irgendwann aber platzte mir der Kragen, und ich ließ alles stehen und liegen und fuhr eines Freitagabends unangemeldet nach Zürich.

Die Überraschung und Begeisterung in Elviras Gesicht vergesse ich wohl nie mehr, genauso wenig wie unsere überschwängliche Umarmung. Ich hatte sie so sehr vermisst und war einfach nur glücklich, sie endlich wieder in meiner Nähe zu wissen! Elvira ließ alles stehen und liegen, und wir beschlossen, nach ausführlicher Erörterung der letzten Jahre, am darauffolgenden Abend wieder einmal so richtig auf den Putz zu hauen. Wie früher, als wir an vielen Freitagabenden als Teenager um die Häuser gezogen waren und meistens nicht genau gewusst hatten, wie albern wir uns noch benehmen sollten.

Ich erzählte Elvira, dass ich unbedingt mal auf eine Frauenparty gehen wollte. Sie willigte sofort ein, mich auf eine »dieser« Partys mitzuschleppen, versuchte vorher aber noch die Gründe aus mir herauszuquetschen, weshalb ich plötzlich so versessen darauf war, die Lesbenwelt von innen kennenzulernen. Ich sei doch bisher nie wirklich daran interessiert gewesen. Aber Dinge ändern sich eben. Und obwohl ich in erster Linie dem Party-Revival mit meiner besten Freundin entgegensah, kam mir die Gelegenheit zur Horizonterweiterung gerade recht.

Natürlich war genau an diesem Abend tote Hose angesagt. Das einzige Frauen-Event an diesem Abend war eine Barfußdisco in einem alternativen Keller irgendwo am Zürcher Stadtrand, die ich mir trotz aller Ungeduld und Neugierde nicht antun wollte. Allein das Wort »alternativ« sorgte bei mir für Ablehnung. Ganz abgesehen davon waren fremde Füße für mich eher ein heikles Thema, und mich einen ganzen Abend lang in einem Meer ungewaschener, hornhautüberzogener, schwitzender Füße zu tummeln war das, was ich als absoluten Albtraum beschreiben würde. Elvira ging es ähnlich, und so verzichteten wir auf die Entdeckungsreise und entschieden uns stattdessen für Kino und ein baldiges erneutes Wochenende zu zweit – diesmal mit Showeinlage!

Wir verabredeten uns für ein Wochenende Ende September – ganze vier Wochen nach unserem ersten Wiedersehen. Ich freute mich über den gesamten Monat hinweg darauf, erneut aus meiner Alltagsroutine auszubrechen und Elvira in Zürich zu besuchen – und selbstredend auf die bevorstehende Frauenparty! Einige Tage vor unserem Weiber-Wochenende begann ich bereits in freudiger Erwartung meine Reisetasche zu packen … dann wieder auszupacken, dann wieder neu einzupacken, dann wieder auszupacken. Ich wurde richtig hysterisch und griff schließlich zum Telefonhörer und wählte die Nummer meiner persönlichen Seelsorgerin. Ich wusste einfach nicht, was ich für unseren geplanten Abstecher zu diesem Frauenevent anziehen sollte. Praktisch stündlich belästigte ich Elvira mit meinen Anrufen und E-Mails, in denen ich verzweifelt um ihre Meinung und Ratschläge bezüglich der Kleiderwahl und sonstigen Verhaltensregeln bat. Sie fand mein pubertäres Verhalten natürlich besonders amüsant und konnte meine Aufregung kaum nachvollziehen, zumal ich sonst eher gelassen bin.

Wenn ich an diese Episode zurückdenke, kann ich mich vor Lachen kaum mehr auf dem Stuhl halten. Ich habe mich echt bescheuert benommen, war nervös und aufgedreht wie schon lange nicht mehr. Neues bleibt halt immer Neues. Und Liebes- und Erotikangelegenheiten bleiben immer spannend.

Belagert und gestresst und mit einem Reizdarm, der im Timing nicht perfekter hätte sein können, schien mein Wochen-ende mit Elvira fast ins Wasser zu fallen. Mein Freund hatte mich ja schon immer für ein wenig durchgeknallt gehalten, aber in dieser Woche hätte ich laut seinen eigenen Aussagen die Spitze des Eisberges erklommen und er ernsthaft mit dem Ge-danken gespielt, mich in die geschlossene Anstalt einweisen zu lassen. Ich muss mich wirklich unerträglich benommen haben.

Ich selbst bin ja, wie bereits erwähnt, eher kleinbusig, und es mag durchaus sein, dass sich da über die Jahre so etwas wie Neid entwickelt hat. Nämlich auf Brüste. Brüste, die auch als solche wahrgenommen und nicht erst durch drei rote Pfeile als Brüste identifiziert werden können. Es gab Momente, in denen ich mir ernsthaft überlegte, meine Brüste vergrößern zu lassen. Keine Riesenbojen, nur gerade eine pralle Handvoll. Aber das ist bis heute ein Plan geblieben, weil ich einerseits naturbelas-sene Brüste für formvollendeter halte und ich andererseits der Meinung bin, dass mich die Natur ansonsten ziemlich vorteil-haft gestaltet hat und solche kleineren Imperfektionen fester Bestandteil meiner Individualität sind. Außerdem wusste ich nicht einmal, ob ich an mir selbst solche Brüste haben wollte.

So habe ich mich zukünftig darauf beschränkt, die Brüste meiner weiblichen Mitwelt zu bewundern, und versucht, meine Gedanken von meiner eigenen Unzufriedenheit abzuwenden. Stattdessen stellte ich mir vor, ich würde die Brüste der anderen Frauen anfassen. Eine Zeit lang war ich wie besessen. Ich betrachtete Brüste, wo auch immer es ging. Live. In Heften und Magazinen. Ich inspizierte die Form- und Größenvielfalt. Ich stellte mir vor, wie sich ein voller Busen anfühlen musste, wenn ich ihn mit meinen Händen umschloss und zärtlich zudrückte. Ich mochte das wohlige Gefühl, das eine enge Umarmung mit anderen Frauen in mir auslöste. Kein erregendes Empfinden, eher ein heimisches, wärmendes Kribbeln. Trotz alldem hatte ich mich nie einer Frau genähert. Nicht weil ich Angst gehabt hätte. Für mich war diese Leidenschaft eher mein eigener, wohlgehüteter Schatz, und ich hatte mir meine Fantasien nicht kaputt machen lassen wollen. Das war früher. Doch jetzt wehte ein anderer Wind, und wenn ich Glück hätte, vielleicht noch an dem kommenden Wochenende mit Elvira. Ist doch klar, dass ich aufgeregt war, schließlich schienen die Möglichkeiten jetzt zum Greifen nah.

Endlich war es so weit! Ich fuhr bei Elviras neuer Arbeitsstelle vorbei und entführte sie auf einen Aperitif und ein stärkendes Abendessen in ein gemütliches Restaurant mit Blick auf den Zürichsee, bevor wir für die in unserem Alter unabdingbare Vorparty-Siesta nach Hause fuhren. Ich wurde während des Essens zunehmend hibbeliger und konnte mich mehr schlecht als recht auf unser Gespräch konzentrieren. Tausende Gedanken schossen mir durch den Kopf.

Elvira lebte in einer langjährigen Beziehung mit einer Frau, und obwohl die beiden nicht zusammenwohnten, waren sie praktisch unzertrennlich. Das hieß, wir würden wohl zu dritt auf die Party gehen und ich wie bestellt und nicht abgeholt im Raum rumstehen. Dass ich daran nicht schon vorher gedacht hatte! Ich äußerte meine Bedenken, aber Elvira beruhigte mich und meinte, Claire, ihre Freundin, nehme über das Wochenende an einem Meditationsworkshop teil und würde uns bestimmt nicht stören. Außerdem solle ich meine Zweifel endlich begraben und mir stattdessen noch ein Glas Wein zu Gemüte führen. Aus einem Glas wurde eine Flasche, aus einer Flasche wurden drei, und damit hatten wir uns unser langersehntes Freitagabend-Programm versaut, da keine von uns noch im Stande war, gerade zum Auto zu gehen, und wir stattdessen betrunken zum nächsten Taxi torkelten, das uns sicher nach Hause bringen sollte.

Samstagmorgen. Fürchterliche Kopfschmerzen holten mich vorzeitig aus meinen Träumen. An der Intensität meines Brummschädels gemessen, musste ich mindestens zwei Flaschen Wein alleine geleert haben. Als ich mich umsah, lag meine beste Freundin wie eine Gefallene neben mir im Bett. Ich machte mir ein wenig Sorgen, wie sie so dalag, regungslos, kaum atmend und nach Bierhalle riechend. Ich lehnte mich ein wenig über sie, um ihre Atmung besser hören zu können, und fühlte ihren Puls. Sie lebte noch. Beruhigt schleppte ich mich zur Dusche und machte mir – sprich uns, falls Elvira sich dazu entschließen würde, doch noch dem Kreise der Lebendigen beizutreten – einen Kaffee, in der Hoffnung, dass sich meine bestialischen Kopfschmerzen vom Acker machen würden. Schließlich hatte ich an diesem Abend Großes vor. Denn verschoben war nicht aufgehoben, und ich würde mich durch dieses unvorhergesehene Intermezzo nicht von meinen ursprünglichen Plänen abbringen lassen. Und das, obwohl ich noch kaum klar denken konnte.

Stunden später erwachte auch Elvira endlich aus ihrer Narkose. Ich war unterdessen im Supermarkt gegenüber einkaufen gegangen und hatte uns ein richtiges Katerfrühstück zusammengestellt. Man soll ja weitermachen, wie man aufgehört hat, und getreu diesem Motto zierten zwei Flaschen Champagner den Frühstückstisch, zusammen mit ein wenig nahrhafteren Gaumenfreuden wie eingelegten Heringsfilets, Käse, Brot und Früchten. Wir ließen uns alle Zeit der Welt mit dem Essen, und als wir den Tisch leergefegt hatten, war es auch schon höchste Eisenbahn, um uns für das bevorstehende Abendprogramm schick zu machen. Elvira hatte alle Hände voll damit zu tun, mir mit Ratschlägen bezüglich meiner Kleiderwahl zur Seite zu stehen und mich vom Griff zur Weinflasche abzuhalten. Schließlich wollten wir diesen Abend nicht wieder durch unseren haltlosen Spirituosenkonsum ruinieren.

Rausgeputzt machten wir uns auf den Weg in die Zürcher Innenstadt und schlenderten Arm in Arm durch die Gassen, bis wir schließlich einen von außen unscheinbaren Clubeingang erreichten. Aufgeregt wagte ich meinen ersten Schritt in den Raum und fühlte mich dabei wohl wie Neil Armstrong bei der Erstbegehung des Mondes. Doch als ich mich schließlich umblickte, musste ich schwer schlucken. Die Halle war gefüllt mit virilen Frauen, die nicht wirklich dem entsprachen, was ich mir unter einer Frau vorgestellt hatte.

Ich war ziemlich enttäuscht, denn meine Fantasievorstellungen hatten viel höher gegriffen als das, was ich hier sah. Die Protagonistinnen all der Filme und Serien über homosexuelle Frauen, die ich bisher gesehen hatte, entsprachen auch ganz und gar nicht dem Volk, das ich da vor mir in der Halle rumhopsen sah! Ich zupfte Elvira am Ärmel und blickte sie erstaunt an: »Und wo bitte finde ich hier was für mich?«

Sie lachte lauthals und meinte nur: »Der Abend ist noch jung. Lass uns was an der Theke trinken gehen, vielleicht wird es dann besser.«

Da stand ich nun und klammerte mich an meinem Glas Martini fest. Der Raum füllte sich zunehmend, doch weit und breit keine Frau, die mein Interesse auch nur ansatzweise hätte wecken können! Nach dreistündigem erfolglosen Ausharren entschieden wir uns dazu, eine andere Party aufzusuchen und uns dort unter das schwul-lesbische Partyvolk zu mischen. Deprimiert schlenderte ich neben Elvira her, die immer noch guter Dinge zu sein schien und mir zur Aufmunterung laufend in die Seite knuffte.

Das Volkshaus Zürich bot großflächiges Amüsement auf vier Stockwerke verteilt. Party, Party, Party. Kein Herumstehen und halbherziges Mit-dem-Fuß-Wippen. Hier wurde exzessiv getanzt. Das war schon viel mehr nach meinem Geschmack, und ich machte mich ab auf die Tanzfläche, um mich ein wenig von meiner anfänglichen Enttäuschung zu lösen und so richtig auf den Putz zu hauen. Immerhin war ich Seelandgurke endlich in der großen weiten Welt. Ich war in Zürich, auf einer »In«-Party, und dies musste ausgenutzt werden. Mit oder ohne Brüste!

Ich tanzte wie eine Verrückte, der Alkohol floss in Unmengen, und irgendwann, ganz unerwartet inmitten meiner Tanzeinlagen, entdeckte ich sie. Eine dunkelhaarige, zierliche, fesselnd gut aussehende Frau. Wahrscheinlich etwas jünger als ich. Sie tanzte einige Meter vor mir entfernt und war derart in Trance versunken, dass sie nichts um sich herum wahrzunehmen schien. Meine Augen blieben einen Moment lang an ihrer Erscheinung haften und musterten sie von Kopf bis Fuß. In erster Linie faszinierte mich ihr versunkener, friedvoller Ausdruck. Als ich meinen Blick von ihrem Gesicht loslösen konnte und ein wenig tiefer richtete, fiel mir auf, dass ihre Brüste ziemlich genau meinen Träumen und Fantasien entsprachen. Die Nervosität packte mich erneut.

Wie bitte sollte ich diese wunderschöne Frau anquatschen, ich mit meinen spärlichen Erfahrungswerten in Sachen

Frauenaufreißen? Ich konnte ihr ja schlecht sagen, dass ich gerne ihre Brüste anfassen würde! Nein, um Himmels willen. Verzweifelt hielt ich nach Elvira Ausschau, die erfreulicherweise genau in diesem Moment mit zwei Drinks in der Hand auf mich zukam. Ich streckte meine Hand aus, dankbar für die kühle Erfrischung, doch Elvira nickte mir nur kurz zu und lief einfach weiter. Wie ein Volldepp blieb ich stehen und schaute ihr nach. Schaute, wie sie in Richtung der dunkelhaarigen Schönheit lief und sie mit drei Küsschen aus der Trance riss. Total verdutzt blieb ich stehen, wusste nicht recht, ob sie sich bereits von früher kannten oder Elvira am Baggern war. Aus der Reaktion der Schwarzhaarigen, die über das zufällige Aufeinandertreffen sichtlich erfreut war, schloss ich jedoch, dass sich die beiden kannten. Wunderbar. Dies war meine Chance. Sobald ich mich aus meiner Starre gelöst hatte, zottelte ich hinterher und fragte: »Willst du mir diese hübsche Frau nicht vorstellen?« Ich könnte mich noch heute krümmen vor Lachen. Ich hatte ein paar Jährchen mehr auf meinem Rücken, und mehr als dieser plumpe Spruch war mir nicht eingefallen? Ich wollte sofort im Erdboden versinken. Elvira ließ einen seltsamen Gurgelton erklingen, aus dem ich entnahm, dass sie ihr Lachen nur schwer unterdrücken konnte. Na wenigstens bot ich Grund zur allgemeinen Belustigung. Die dunkelhaarige Schönheit aber lächelte mich an und tat, als wäre ihr meine grobschlächtige Anmache entgangen.

Zuerst etwas steif, doch immer entspannter und losgelöster kamen wir ins Gespräch. Elvira kannte mich seit Kindheitszeiten und wusste, dass es um mich geschehen war – auch ohne dass ich ihr das direkt mitteilen musste. Nach etwa einer Stunde verabschiedete sie sich deshalb und überließ mich meinem Schicksal. Die schwarzhaarige Schönheit schmunzelte und sagte: »Mach dir keine Sorgen, bei mir ist sie in guten Händen.« Ich hatte kurzfristig Panik. Die Konversation zu dritt hatte wunderbar geklappt, doch wie würde es nun weitergehen? Vielleicht war sie ja gar nicht an einer Weiterführung unseres Gesprächs interessiert? Und was sollte diese zweideutige Bemerkung?

Doch meine Zweifel schienen unberechtigt. Sie nahm sogleich das Gespräch wieder auf und schaute mir dann und wann noch intensiver als zuvor in die Augen. Meine Nervosität war plötzlich wie weggeblasen. Ich fühlte mich wohl mit ihr. Konnte einfach ich selbst sein und meine ersten schüchternen Flirt-Erfahrungen mit einer Frau sammeln. Als sie sich kurz entschuldigte, da sie dringend auf die Toilette musste, hauchte sie mir ganz unerwartet einen Kuss auf die Wange. Hoffnungslos schmolz ich auf dem Barhocker dahin und setzte mir innerlich einige Sätze zusammen, die ich ihr, sobald sie zurückkam, auftischen würde. Irgendwas im Sinne von: Du gefällst mir. Das war aber gar nicht so einfach, denn diesmal wollte ich auf gar keinen Fall so plump rüberkommen wie beim ersten Mal.

Die schöne Frau kam mir zuvor und packte mich ganz sanft am Arm und meinte, ob wir nicht zu ihr fahren wollten, um die Konversation weiterzuführen. Sie wohne gleich um die Ecke, und etwas Privatsphäre würde auch ihr bekommen. Ich erwiderte ganz gelassen: »Ja klar, wollte ich auch gerade vorschlagen.« Wenn Elvira mich dabei gesehen hätte, hätte sie sich vor Lachen wohl gekrümmt. Nach einem kurzen Spaziergang, bei dem sie sich mit ihrem Arm bei mir eingehakt hatte, erreichten wir ihre Wohnung. Es war ein großräumiges, helles Penthouse – ganz nach meinem Geschmack. Corinna, so hieß sie, verschwand kurz in der Küche und kam mit einer Flasche Wein zurück. Seltsamerweise fühlte ich mich überhaupt nicht unsicher oder angespannt. Sie gefiel mir einfach verdammt gut.

Während des ganzen Abends fiel es mir schon schwer, nicht wie einer dieser erbärmlichen Typen auf ihren Ausschnitt zu glotzen. Dabei ertappte ich mich trotz aller Anstrengungen immer wieder dabei, wie ich ihr Dekolleté etwas zu lange betrachtete. Irgendwann fing Corinna meinen Blick auf und schaute mich provokativ an. »Gefällt dir denn, was du siehst?«

»Und wie«, erwiderte ich.

»Die sind nicht nur zum Angucken da.«

»Ist das eine Einladung?«

»Und ob.«

Corinna lächelte. Sie bemerkte wohl mein Zögern, denn sie packte mich bei der Hand und zog mich Richtung Schlafzimmer. Mitten auf dem Weg dorthin küsste sie mich. Innig. Leidenschaftlich. Und wie die Frau küssen konnte! Um mich herum drehte sich alles, und ich bemerkte, wie ich umgehend feucht wurde. Corinna packte mich an meiner Taille und warf mich auf ihr weiches Wasserbett – das weiß ich bis heute, weil es so herrlich nachgewippt hat. Sie zog mir ganz langsam meine Schuhe aus, dann mein T-Shirt und meine Hose. Schließlich nahm sie sich meinen BH vor, der sich als etwas widerspenstig herausstellte, und zog mir meine Unterhose aus. Sie liebkoste sinnlich und sanft meine Beine, meine Innenschenkel, und fuhr mit ihren Lippen weiter nach oben. Ich spürte ihre kühle, nasse Zunge meine Klitoris umkreisen. Ich zitterte vor Lust. Meine Hände erforschten dabei ihren Rücken und suchten sich hin und wieder den Weg zu ihren Brüsten. Doch ich ließ sie machen, da ich sowieso keine Ahnung davon hatte, wie man eine Frau zu verwöhnen hatte – außer dem Wissen darüber, wie ich es mir selbst am liebsten machte.

Corinna ließ, nachdem sie mich mit ihrem Zungenspiel aufgewärmt hatte, von mir ab, um sich ebenfalls ihrer Kleider zu entledigen. Zuerst fielen ihre sexy Lederstiefel, gefolgt von ihrem kurzen, knappen Rock, und gerade als sie sich an die Knöpfe ihrer schwarzen Bluse machen wollte, ergriff ich die Gelegenheit, setzte mich auf und zog ihr die Bluse aus. Da lagen sie vor mir. Zwei wunderschön pralle Brüste, die vom weißen Spitzen-BH gekonnt in Form gehalten wurden. Ich konnte nicht mehr an mich halten und nahm mir nicht einmal mehr die Zeit, den BH aufzumachen, sondern streifte ihn ihr über den Kopf, um endlich ihre Brüste zu berühren, zu liebkosen, zu kneten. Endlich zu wissen, wie es sich anfühlte, und mit ihr gemeinsam auf diese Reise zu gehen – die Reise in meine Fantasien. Ich ließ meiner Begierde freien Lauf und bearbeitete ihre Brüste mit Zunge und Händen. Ich leckte, begrabschte sie wie ein kleines Kind, das sein erstes Eis in der Hand hält. Corinna schien es zu gefallen, denn sie begann immer lauter zu stöhnen, und ihre Nägel bohrten sich immer tiefer in mein Fleisch. Ihre Reaktion törnte mich an, und ich konnte kaum noch die Finger von ihr lassen, bis Corinna mich irgendwann auf den Bauch drehte und mich unerwartet mit ihren Fingern fest und heftig von hinten penetrierte. Ein Lustschauer durchströmte mich, und ich stöhnte laut auf. Gierig richtete ich mich auf allen vieren auf und wollte mehr, noch mehr und noch mehr. Corinna penetrierte mich in immer schnellerem Rhythmus und leckte mich dabei gleichzeitig, was mir gänzlich den Verstand raubte.

Mit einem Schrei erreichte ich meinen Höhepunkt. Wir drehten und wälzten uns auf ihrem Wasserbett, bis ich meinen Finger endlich in ihre Scheide stecken konnte und sie ebenfalls zu penetrieren begann. Sie war so feucht, dass ich immer wieder aus ihr rausrutschte und sie mich schlussendlich bat, sie zu fisten – mit der gesamten Hand, zu einer Faust geballt. Ich fühlte mich etwas unwohl dabei, weil ich da unten eher empfindlich war und mir gar nicht vorstellen wollte, wie schmerzlich dies sein müsste. Doch Corinna bestand darauf, und als es mir endlich gelungen war, meine ganze Hand in ihrer Vagina zu stecken, nahm sie mir sogleich jegliche Zweifel. Sie schrie, bat mich um mehr und härter, wühlte in meinem Haar, kratzte mir den Rücken blutig und schlug mir im Rhythmus meiner Stöße auf den Po, bis sie sich schließlich in einem gewaltigen Orgasmus entlud. Noch nie hatte ich irgendwas Derartiges erlebt. Ich wusste nicht recht, was ich davon halten sollte. Obwohl es mich unheimlich angetörnt hatte, war ich etwas peinlich berührt und befremdet. Dies legte sich jedoch sogleich, als Corinna sich an mich kuschelte und mich erschöpft anlächelte: »Magst du eine Zigarette und ein Glas Martini?« Klar doch. Das musste schließlich gefeiert werden. Ich ließ es mir nicht nehmen, ihr nochmals die Brüste zu küssen, bevor sie wieder in der Küche verschwand.

Es war bereits später Morgen, als ich müde und erschöpft ihre Wohnung verließ, und mich vom Taxi zu Elvira fahren ließ. Ich musste diese Erfahrung erst mal sacken lassen. Es war so unerwartet heftig gewesen. So leidenschaftlich. Ich hatte zwar keine wirklichen Erwartungen gehabt, aber dass es sich so intensiv, so gut anfühlen würde, damit hätte ich nicht gerechnet.

Dies ist nun ein Jahr her. Ich habe Corinna nie wiedergesehen, obwohl wir noch einige Male telefoniert haben. Es hat sich einfach nicht ergeben, und keiner von uns beiden schien ein erneutes Treffen wichtig genug. Es war ein lang geträumter Wunsch von mir gewesen, der sich endlich erfüllt hat. Ich habe es unendlich genossen, sie hat mich verzaubert und inspiriert. Ich bin glücklich, dass ich diesen Schritt gewagt habe. Ein einmaliges Erlebnis, das nicht wiederholt werden muss, sondern für sich selbst stehen kann.

Magie des Moments

Clara, 48

Ich war eines dieser burschikos offensiven kleinen Mädels, die sich viel lieber mit einem Knäuel wilder Jungs umgeben, als sich mit anderen Mädchen zu beschäftigen, die hühnerbrüstige Popstars anschmachteten, und deren einzige körperliche Aktivität darin bestand, sich mit der Kunst des damals hippen Gummitwists zu beschäftigen. Damit konnte ich heranwachsender Wildfang nicht wirklich viel anfangen. Viel lieber zog ich mit den gleichaltrigen männlichen Raufbolden um die Häuser, spielte den Nachbarn böse Streiche und zog eine tiefe Befriedigung daraus, die Püppchen zu drangsalieren.

Da ich mir gerne nahm, was ich wollte, mussten schon im zarten Alter von neun Jahren die Jungs dran glauben, wenn ich in Kuss-Laune war. Doch eigentlich war mir damals egal, ob Junge oder Mädchen. Hauptsache, ich konnte befehlen. Heute ist es mir ein Rätsel, woher diese Doña-Juanita-Allüren kamen. Meinen konservativen Eltern hatte ich sie bestimmt nicht zu verdanken. Man munkelt, ich hätte die Gene meiner Tante väterlicherseits mitbekommen – die soll mir sehr ähnlich gewesen sein. Vielleicht war es aber auch der Postbote – wer weiß.

Mein erstes weibliches Opfer hieß Lisa. Meine Mutter lacht sich noch heute schlapp, wenn sie sich daran erinnert. Wir lebten damals in einem wirklich hässlichen gelben Beton-Wohnblock an einer intensiv befahrenen Hauptstraße, die direkt in eine Schnellstraße mündete. Meine Mama beschäftigte sich gerade mit der frühjährlichen Reinigung der Fenster, als ihr Blick auf das seltsame Tun zweier Schatten fiel, die sich unter dem gegenüberliegenden Balkon vergnügten. Ich hatte Lisa zum Steinesammeln gelockt, aber in Wirklichkeit suchte ich nur wieder jemanden, den ich knutschen konnte. Diesmal musste Lisa daran glauben, die es willig geschehen ließ. Dass sie ein Mädchen war, schien erst im Nachhinein von Belang – nämlich Jahre später, als meine Mutter mir während meiner frühen Pubertät kurzfristig unterstellte, ich sei lesbisch, und als Beweis diesen Vorfall hervorkramte.

Dabei war das nur mein erster Streich gewesen. Der zweite sollte erst fünfzehn Jahre später folgen, als ich mir zur Belohnung für meinen Studienabschluss einen achtwöchigen Trip nach Thailand gönnte. Zwei Wochen davon verbrachte ich mit einer Reisetruppe, deren halb malaysische, halb englische Leiterin Jane uns erbarmungslos durch den Dschungel hetzte, als hätten wir uns aus Versehen einer Sondereinheit der US-Army angeschlossen. Eigentlich lockte der Werbeflyer mit so etwas wie »Erleben Sie die Inspiration exotischer Friedlichkeit«. Anstelle der bitter nötigen Erholung von meinen Schlussprüfungen musste ich beim Kampf mit der Flora und Fauna des Dschungels regelmäßig um mein Leben fürchten. Den Höhepunkt erreichte unser Trip, als wir nach zweitägigem Tropenregen durch den Matsch wateten und verzweifelt versuchten, auf dem schmalen Pfad nicht auszurutschen. Natürlich kam es, wie es kommen musste, und gerade weil ich unter keinen Umständen ein unfreiwilliges Schlammbad nehmen wollte, verlor ich den Halt und glitt zu allem Unglück auch noch mit aller Wucht in die Füße unserer Anführerin und zog sie mit mir.

Verknäuelt schlitterten wir den morastigen Hang runter, bis es Jane gelang, sich an einer ziemlich dicken herabhängenden

Liane festzuhalten und unserer Rutschfahrt ein Ende zu bereiten. Einen kurzen Moment lang blieben wir erschöpft aufeinander liegen.

Es war wohl meine Erleichterung darüber, dass ich mit heiler Haut davongekommen war, die mich in dem Moment meines Verstandes beraubte. Ich konnte nichts dagegen tun, dass sich meine Lippen in Zeitlumpentempo ihrem Gesicht näherten. Irgendetwas in mir schrie: Tu es nicht! Doch es half nichts. Gierig umschlossen meine Lippen die ihren. Sie wehrte sich nicht, sondern erwiderte sehr zu meinem Erstaunen den Kuss. Wir knutschten so lange weiter, bis sich mein Verstand langsam wieder zu Wort meldete. Für den Rest des Höllentrips sprachen wir nicht mehr über diesen Vorfall. Es war ein schöner Kuss gewesen, doch die Neugierde auf mehr wurde dadurch nicht geweckt. Viel eher sah ich es als einmaliges, durch die ungewöhnlichen Umstände ausgelöstes Ereignis, das ich nicht unbedingt wiederholen musste.

Mittlerweile war ich Mitte dreißig und stand mit beiden Beinen fest im Leben. Ich genoss mein Single-Dasein und widmete mich ganz ohne nörgelnden Partner den wirklich schönen Dingen des Lebens. Seit dem durchschlagenden Erfolg der Serie *Sex and the City* waren schöne Schuhe ja enorm wichtig geworden, nahezu ein Fetisch. Natürlich war auch ich alles andere als immun gegen diesen Trend. Vorher hatte ich billige Treter und bequeme Sportschuhe vorgezogen, doch seit Carries offenem Bekenntnis zu ihrem kostspieligen Schuhfimmel griff auch ich tiefer in die Taschen, um meinen Füßen dann und wann etwas Exquisites zu gönnen. Dabei bemerkte ich schon bald, dass ich mit den Schuhen in einen wahren Teufelskreis geraten war: Hatte man sich erst mal an ein gewisses ästhetisches Mindestlevel gewöhnt und sich bewusst mit den Finessen der Schuhwissenschaft auseinandergesetzt, wirkten die Billigtreter abstoßend und degradierend. Mein neues Laster bohrte regelmäßig dunkle Löcher in meinen Geldhaushalt, doch außer einer Psychotherapie hätte mir wohl nichts helfen können – und die wäre bei weitem teurer ausgefallen als die Fortsetzung meiner Schuhshoppingsucht.

Ich war in der Mehrzahl der exklusiven Schuh-Boutiquen Stammkundin und bekam dank meiner Treue und der damit einhergehenden Bonuskarte nicht nur dann und wann eine in Anbetracht des Originalpreises verschwindend kleine Ermäßigung, nein, ich profitierte auch von einer einzigartigen Kundenbetreuung. Die Verkäuferinnen gaben sich bei mir besonders viel Mühe, mir euphorisch zu versichern, dass ich a) über einen sehr zielsicheren Geschmack verfügte und b) mir die getroffene Wahl außerordentlich schmeichelte. Egal was für ein hässliches Modell ich trug, es war stets »wie für mich gemacht«.

Mein Herz machte einen kleinen Freudensprung, als mir eine gute Bekannte mitteilte, dass an der Bahnhofstraße – der Haupteinkaufsstraße unserer Stadt – ein neuer, mondäner Schuhladen aufmachen würde. Ich entschloss nach langem Hin und Her, der Eröffnungsfeier beizuwohnen. Nebst einem pompösen Apéro mit einer erschöpfenden Auswahl an Häppchen und unbegrenztem Champagner wurde die erste Frühjahrskollektion vorgestellt, und die Gäste hatten zudem die Möglichkeit, die Schuhkreationen nicht nur als Erste anzuprobieren, sondern auch zu reduzierten Preisen zu ergattern.

Ich schmiss mich freudig in Schale und begab mich zusammen mit Birgitte, einer meiner engsten Freundinnen, zum Exklusiv-Event. Für die zugegebenermaßen gekonnt hergerichtete Menütafel hatte ich nur wenig übrig, stattdessen stürzte ich mich, kaum hatten wir den stylishen, minimalistischen Laden betreten, auf die Schuhe. Besonders ein Sandalenpaar aus perforiertem Nubukleder bestach durch seine besondere Schlichtheit und gewann sogleich meine ungeteilte Aufmerksamkeit. Die Sanftheit des Materials war kaum zu übertreffen, und die Verarbeitung der Nähte war geradezu perfekt. Ich erfühlte genüsslich die Oberfläche – wohl etwas zu intensiv –, als mich eine angenehme, tiefe Stimme aus meinen Gedanken riss.

Obwohl ich sonst eher heterosexuell ausgerichtet war, haute mich der Anblick dieser etwa 180 Zentimeter großen feingliedrigen Schönheit sofort um. Sie war Afrikanerin, ich tippte auf äthiopische Herkunft. Ich nahm ihr Angebot dankend an und folgte ihr zur weißen Couch. Meine Augen blieben an der Eleganz ihrer fließenden Bewegungen hängen, die geschliffener nicht hätten sein können. Ich fühlte mich etwas doof, geradezu wie ein einfältiger, balzwütiger Mann. Von Selbstbeherrschung weit und breit nicht die geringste Spur. Ich schüttelte leicht den Kopf, in der Hoffnung, so die Erregung verscheuchen zu können. Doch es wollte nicht funktionieren, und ich starrte weiterhin ungehemmt, als die Schönheit um die Ecke verschwand und kurz darauf mit dem Sandalenpaar in meiner Größe wieder auftauchte.

Ich wusste nicht, wie mir geschah, doch plötzlich fand ich mich in einen Flirt verwickelt. Entweder war sie einfach nur überdurchschnittlich zuvorkommend und erpicht darauf, ihre Provision zu kassieren, oder sie flirtete ganz ernsthaft mit mir. Doch wieso mit mir? Ich war mittlerweile Mitte dreißig, hätte mich zwar auf keinen Fall als unattraktiv bezeichnet, denn ich versuchte meine äußere Erscheinung so gut es ging zu pflegen, doch der Oberreißer war ich nun auch wieder nicht. Außerdem hatte mich noch nie zuvor eine Frau so angesehen. Oder vielleicht doch, und es war mir bloß nie aufgefallen? Oder war ihr zweideutiges Verhalten doch nur ein Trugbild meiner Fantasie?

Dass dem nicht so war, sollte ich sogleich erfahren. Die Augenweide stellte sich mir als Almaz vor – ein wunderbarer Name! Ich ließ mir ihren Namen still auf der Zunge zergehen, ehe ich meine Aufmerksamkeit wieder auf Almaz und ihre Erzählungen richtete. Ich hatte richtig gelegen mit meiner Vermutung: Sie stammte tatsächlich aus Äthiopien und war vor ungefähr zehn Jahren in die Schweiz ausgewandert. Hier hatte sie eine mehr oder weniger erfolgreiche Model-Karriere zu starten versucht, doch der große Durchbruch war ausgeblieben und da sie Mode schon immer faszinierend gefunden hatte, widmete sie sich seitdem ihrer Berufung: der Schweiz einen besseren Geschmack beizubringen – was ich im Übrigen auch für dringend nötig hielt, jedenfalls was die Mode anging.

Ich sog jedes Wort auf, das Almaz' Lippen verließ. Ihr anmutiges Wesen faszinierte mich. Obwohl ich bisher keine Erfahrung mit Frauen hatte, spürte ich nach anfänglicher Unsicherheit zunehmend stärker, dass Almaz' Begeisterung für mich nicht bloß gespielt war. Als sie sich vor mich hinkniete und mir in die Sandalen half, wurden meine letzten Zweifel komplett weggefegt. Almaz zog mir geschickt den Schuh über und strich mir dabei mit ihren feingliedrigen Fingern sanft über den Knöchel. Sie verharrte zu lange in dieser Berührung, als dass es Zufall hätte sein können. Elektrisiert blieb ich sitzen. Die Szene wiederholte sich bei der zweiten Sandale. Die anderen Gäste um uns herum vergaß ich vollkommen, zum größten Teil deshalb, weil wir uns im ersten Stock des Ladens aufhielten und sich die feierlichen Aktivitäten aufs Erdgeschoss konzentrierten.

Das Prickeln entflammter Erotik lag in der Luft, und ich beschloss, die Spielerei weiterzutreiben, indem ich mir mit meinen Füßen die beiden Sandalen abstreifte – ohne dabei meinen Blick von Almaz abzuwenden – und sie mit einem provokativen Lächeln bat, mir nochmals in den Schuh zu helfen, da er meinen Fuß nicht komfortabel genug umschlossen hatte. Sie verstand meinen Lockruf und machte sich wieder daran, mir die weichen Sandalen anzuziehen. Doch diesmal blieben ihre Hände nicht auf Knöchelhöhe, sondern glitten hoch zu meinen Oberschenkeln. Stets begleitet von ihrem erwartungsvoll laszivem Blick, der mein Gesicht aufmerksam abtastete.

Es war einer dieser Momente, in denen ich alles um mich herum ausblendete und mich ohne zu zögern meiner rationalen Gewissensbisse entledigte, um mich völlig dem Reiz der Situation hinzugeben. Eine dieser Erfahrungen, nach denen man sich benommen an den Kopf schlägt und sich in Grund und Boden schämt – vor allem, wenn man sich so gar nicht alterskonform benommen hat. Die Gefahr, von den anderen Besuchern ertappt zu werden, verstärkte das Prickeln nur noch mehr. Ich wünschte mir Almaz' Hände tief in mir drin, doch die Öffentlichkeit unseres Aufenthaltsorts verbot es uns – anfänglich. Almaz schien es nicht groß zu stören, dass wir uns vor potenziellen Neukunden in ihrem Schuhladen befanden. Vielleicht sah sie es sogar als gute Werbekampagne an, denn wenig zurückhaltend begann sie, durch meine Strumpfhose hindurch meine Klitoris zu streicheln. Überrascht schaute ich in ihr Gesicht. Ihre Augen waren geschlossen, und genau in diesem Moment fuhr sie lasziv mit der Zungenspitze über ihre vollen Lippen. Ermutigt beschloss ich, meine Augen ebenfalls zu schließen und diesen unvorhergesehenen Moment zu genießen. Das ging genau zwei Minuten, bis mich Almaz zu einem leisen, aber spitzen Höhepunkt brachte.

Als ich die Augen wieder aufschlug, sah ich, wie sie mir ein letztes Lächeln schenkte und sich wieder in das untere Stockwerk zu den anderen Gästen gesellte. Verdutzt und verwirrt blieb ich noch einen Moment sitzen. So schnell, wie er gekommen war, so schnell und klanglos war der Moment vorbeigegangen. Ich wusste nicht recht, ob ich enttäuscht oder erfreut über dieses Zusammentreffen sein sollte. Hätte ich mehr gewollt? Ich wusste es nicht. Immer noch geistig abwesend stieg ich die Treppen runter und verabschiedete mich mit einem fernen Winken von Birgitte und ihren Bekannten. Ich spürte Almaz' Blick noch lange auf mir. Als ich ging, stand sie nachdenklich am Schaufenster, aber sie gab mir kein Wort oder Zeichen des Abschieds mit auf den Weg.

Ich sehe Almaz noch heute regelmäßig, wenn mich mein inzwischen schwächer gewordener Schuhfimmel in ihre Oase verschlägt. Obwohl mich ihr Anblick immer wieder umhaut und sie meine Vorstellung vollkommener femininer Ästhetik zu hundert Prozent erfüllt, so war es vor allem die Magie des Moments, die mich in ihren Bann gezogen hat. Den Zauber dieser erfrischenden Erfahrung möchte ich icht missen. Ich stehe offen und ehrlich zu ihr, auch wenn sie äußerst bizarr war.

DANKE

Wir bedanken uns von Herzen bei den zwölf Frauen, die uns so offen und tabulos an ihrem ersten homoerotischen Erlebnis haben teilhaben lassen.

DIE AUTORINNEN

Andrea Burri, geboren 1980 in der Schweiz, lebt und arbeitet in London und Zürich. *So zarte Lippen, so weiche Haut* ist die zweite Veröffentlichung der studierten Psychologin und Genetikerin, die mit Studien zur menschlichen Sexualität für öffentliches Aufsehen sorgte.

Prisca Hintermann, Jahrgang 1977, arbeitet als Informatikerin und lebt in der Schweiz. *So zarte Lippen, so weiche Haut* ist ihr erstes Buch.

Andrea Burri & Prisca Hintermann
SO ZARTE LIPPEN, SO WEICHE HAUT
Frauen erzählen von ihrem ersten
erotischen Erlebnis mit einer Frau

ISBN 978-3-89602-963-8
Dieses Buch erscheint in der Reihe LUST & LIEBE.
LUST & LIEBE ist ein Label des Schwarzkopf & Schwarzkopf Verlages.
© bei Schwarzkopf & Schwarzkopf Verlag GmbH, Berlin 2010
Zweite Auflage Februar 2014
Coverfoto: © Nadezda Korobkova/istockphoto.com

KATALOG

Wir senden Ihnen gern kostenlos unseren Katalog
Schwarzkopf & Schwarzkopf Verlag GmbH / Abt. Service
Kastanienallee 32 | 10435 Berlin
Telefon: 030 – 44 33 63 00 | Fax: 030 – 44 33 63 044

INTERNET | E-MAIL

www.schwarzkopf-schwarzkopf.de
info@schwarzkopf-schwarzkopf.de